아름다운 세상의 조건

아름다운 세상의 조건

나눔과 희망의 전도사
박 원 순 에 세 이

한겨레출판

우리가 잃어버린 가치의 복원을 바라며

지난 17대 대선을 지켜보면서 아직도 한국 사람들은 참 배가 많이 고프구나 하는 생각을 했다. 후보들도 하나같이 "경제, 살리겠습니다", "부자로 만들어 드리겠습니다", "경제 대통령" 등의 표어를 내세웠다. 모두 '부자되기, 경제살리기'에 올인했던 것이다.

사실 우리가 지금 가난해서 불행하거나 힘든 것은 아니다. 오히려 우리의 마음이 가난한 탓에 불행하고 힘든 것이 아닐까. 이미 국민 1인당 GNP가 2만 달러에 가깝고 우리 주변에 굶어죽는 사람은 거의 없다. 누구나 세 끼 밥은 챙겨먹게 되었고 TV나 세탁기, 자동차 없는 집을 찾아보기 힘들게 되었다. 동남아나 아프리카에 한번 가보면 우리가 얼마나 잘사는지 더욱 절실하게 느끼게 된다. 그런데 왜 우리는 계속 불행하고 힘들다고 느낄까?

그것은 결국 삶의 가치를 외형과 물질에 두기 때문이다. 물질과 상품은 우리를 행복하게 만들 수 없다. 그것은 행복으로 가기 위한 하나의 요소일 수는 있지만 필요충분조건은 아니다. 로또나 복권으로 갑자기 일확천금을 얻은 사람이 정작 과거보다 훨씬 불행하게 된 사례가 대부분이지 않은가. 부모로부터 큰 부를 상속받은 형제들이 서로 싸우다가 결국 재산을 다 날리는 사례가 우리 주변에 너무 흔하지 않은가.

따져 보면 우리는 그동안 우리가, 우리사회가, 우리 공동체가 지녀왔던 많은 가치들을 잊어버렸다. "잘 살아 보세"라는 구호 아래 물질적 풍요만을 위해 질주해 왔다. 그러면서 정작 잘 사는 것이 무엇인지, 방향감각을 잃어버린 것이다. 그러면서 우리에게 소중했던 가치들, 나눔과 배려, 콩 한 쪽도 열 명이 나누어 먹는 마음, 따뜻한 이웃 간의 정, 형제애, 부모에 대한 공경과 존경, 공동체 정신, 농부들이 정성들여 키워 열매를 맺은 쌀 한 톨과 배추 한 잎까지도 귀하게 생각하는 그런 마음들을 다 잃어버렸다. 또한 자기를 희생해서 사회와 공동체를 위하는 헌신, 세상에 바른 목소리를 내고 기꺼이 좋은 사회를 위해 자신을 내던지는 용기도 사라졌다. 젊은이들 사이에서는 편하고 든든한 직장이라고 공무원과 교사가 인기라고 한다. 이런 생각을 가진 젊은이들이 많은 사회가 희망이 있겠는가.

참여연대, 아름다운재단, 아름다운가게, 희망제작소에 몸담으면서 이런 절망 속에서도 많은 희망의 씨앗들을 발견한 것은 참으로 큰 행복이었다. 함께 나누고 살아가는 사람들, 작은 것에도 관심을 보이고 작은 실천이라도 해보고자 노력하는 사람들, 기꺼이 한 단체의 회원이 되어 꼬박꼬박 회비를 내주는 사람들, 자기 한 몸과 재산을 바쳐 희생과 헌신으로 우리사회의 등불을 켠 사람들—이런 사람들이 우리사회의 미래를 낙관으로 바꾸는 희망의 씨앗들이고, 어지러운 이 나라 항해 길의 조타수들이다.

이 책은 이렇게 발견한 희망의 이야기들이다. 여기저기 쓴 원고들이나 인터뷰들을 모은 것이다. 벌써 세월이 꽤 흐른 것도 있고 최근에 쓴 글도 있다. 그래도 꼭 소개하고 싶은 글은 세월에 바랬더라도 포함시켰다. 희망은 결코 녹슬지 않기 때문이다. 그렇게 녹슬지 않고 작은 희망이 계속 커지면서 우리사회가 나눔과 희망의 사회로 변해갈 것이라는 믿음의 증거로 이 작은 책이 조금이라도 기여하기를 바란다.

2010년 6월
평창동 희망제작소 사무실에서

목차

1

기부와 나눔
–
21세기의 키워드

개미군단의 위력

1998년 나는 미국을 두 달 동안 여행했다. 미국사회 곳곳을 둘러보고 견문하기 위한 여행이었다. 국무성, 검찰청, 교도소에서부터 기업, 대학 등 다양한 기관과 단체를 방문하고 인터뷰했다. 미국사회가 지닌 여러 모습을 면밀히 살펴보고 꼼꼼히 기록해 책으로 낼 작정이었다. 그런데 눈에 번쩍 뜨이는 것이 있었다. 바로 '재단'이었다. 노스캐롤라이나의 '트라이앵글 리서치 커뮤니티 파운데이션', 피닉스의 '메이커 위시 파운데이션' 등은 나의 영감을 자극한 재단들이다. 나는 이런 재단들에 자극을 받아 뉴욕의 '재단연합'(Concil on Foundations)과 '제3섹터'(Independent Sector)를 방문하게 되었다. 마이크로소프트의 빌 게이츠 회장은 기업가로서의 명성도 명성이지만 자선과 기부에서의 명성도 이에 못지않다. 1994년 1월 1일

메린다 게이츠와 결혼한 그는 자선재단 '빌 엔드 멜린다 게이츠 재단'(Bill & Melinda Gates Foundation)을 창립했다. 이 재단을 통해 그가 전 세계에 걸쳐 기부한 것을 보면, 전체 기부금 외에 교육, 보건, 인구 문제, 기술발전 문제 등에 직접 무상 공여한 교부금만도 70억 달러를 넘는다. 〈비지니스위크〉는 지난 1998년부터 2002년까지의 기부총액을 기준으로 순위를 매긴 결과 이 재단이 4년간 235억 달러(약 23조 5,000억원)를 기부해 1위를 차지했다고 발표했다. 이는 빌 게이츠가 가지고 있는 전 재산의 60%에 해당하는 액수다. 그러나 이것은 미국의 부자가 하는 자선의 예일 뿐이다. 정도의 차이는 있지만 미국에서 자선은 이미 부자의 습관이고 문화가 되었다.

미국의 부자들이 존경받는 이유가 바로 여기에 있다. 굳이 '청교도적'이라는 접두사를 붙이지 않더라도 자본주의가 지속가능한 제도로 성숙하고 발전해가려면 이런 부자들의 아름다운 기부와 나눔의 행태가 전제되지 않을 수 없다. 뿐만 아니라 미국에서는 이러한 기업재단보다 개인재단이 훨씬 더 큰 비중을 차지하고 있다. 약 89%의 재단이 개인재단이고, 현재 미국에는 약 6만 6,000개에 이르는 재단들이 있다. 전국에 산재한 이 재단들은 일반 시민들로부터 일상적인 모금활동을 하면서 기부액과 기금의 규모를 계속 늘려가고 있었다. 2005년만 해도 총 324억 달러(약 32조 4,000억원)를 모금하여 303억 달러를 기부한 2003년에 비해 기부액이 4.1% 늘어났다고 한다.

나는 당시 미국여행을 마치고 돌아와 예정대로 인터뷰한 내용과 관찰한 것들을 책으로 펴냈다. 언제나 그렇듯이 이 책은 겨우 수천

부 팔렸다. 나는 초판밖에 안 팔리는 이른바 '초판클럽'의 멤버였다. 그러나 책을 내는 것으로 만족할 수 없었다. 미국 재단들의 규모와 역할에 큰 감동을 받았던 나는 주변 인사들에게 지금과는 전혀 다른 새로운 종류의 재단을 창립하자고 꼬드겼다.

과거 우리나라에서 재단이란 부자가 큰돈을 내놓고 그 기금으로 장학금이나 주고 문화사업이나 하는 것이 상례였다. 더구나 상속의 편법으로 재단을 활용하는 것이 숨길 수 없는 현실이었다. 그래서 평범한 시민들로부터 모금을 받아 시민들과 지역사회를 위해 사용하고 시민들의 관점에서 운영해가는 그런 재단이 생겨나야 하지 않겠느냐고 설득했다. 특히 모금해서 자신의 사업을 위해 쓰는 것이 아니라 세상을 좀 더 낫게 만들려는 단체와 사람들에게 배분하는 그런 재단이 필요했다. 이렇게 창립한 것이 아름다운재단이다. 1년 간의 준비과정을 거쳐 정식으로 창립한 것이 2000년 9월이었으니 2006년 9월이 되면 아름다운재단은 6주년을 맞는다. 아직 신생재단에 불과하다. 그러나 아름다운재단의 꿈은 야무졌다. 단지 모금을 위한 재단만이 아니라 우리나라에 기부문화를 확산시켜 보자는 것이 첫째 목표였다.

언론과 함께 끊임없이 나눔 확신을 위한 캠페인을 벌이고, 기부지수를 개발하고, 기부문화 연구소와 도서관을 설립하고, 기부문화총서를 출판하고, 모금강좌와 국제세미나를 정기적으로 개최하는 일 등을 벌였는데 이것이 바로 이러한 노력의 일환이었다. 특히 자신의 수입과 자신이 가진 모든 것의 작은 부분을 이웃과 나누자는 1%나눔운동과 헌 물건을 기부받아 수선하고 이를 되팔아 수익을 나누는

'아름다운가게' 운동은 나눔과 기부를 평범한 시민들의 일상적인 생활 속으로 끌어들이려는 시도였다. 이렇게 하여 1%에 참여한 사람들만 이제 2만 3,000명(2009년 현재 4만 6,000명)을 넘고 누적 금액도 50억원이 넘어 섰다. 개미군단의 위력이다. 그러나 규모만으로 이 현상을 설명하기는 어렵다. 그 속에는 행상, 구두닦이, 사회복지 수급권자 등 우리 사회의 가장 하층민에 속하는 사람들도 있었다. 도움을 받아야 할 사람들이 오히려 도움에 나선 것이다. 막 태어난 자신의 아이를 위한 1%, 결혼 축의금을 모아 신혼의 출발을 나눔과 함께한 신혼부부도 있다.

아름다운재단 1% 나눔운동에 참여하고 있는 사람들의 이야기들은 그 하나하나가 눈물과 감동이다. 아름다운가게도 창립 3년 만에 전국에 44개(2010년 5월 현재 106개)가 들어섰다. 수십만 명의 기증자, 구매자, 2,000명이 넘어선 정기적 자원활동가들이 모두 천사(실제 아름다운가게에서는 이들을 기증천사, 구매천사, 활동천사라고 부른다)들처럼 일상적인 나눔에 참여하고 있다. 거의 모든 언론이 나눔을 화두로 다양한 자선캠페인을 펼치고 있는 것도 아름다운재단의 나눔운동의 여파라고 본다. 이제 나눔은 분명 우리 시대의 '화두'가 되었다.

사람들은 세상의 각박함과 살벌함에 한탄한다. 과연 이웃을 위해 자신의 곳간을 열고 호주머니를 터는 사람이 있을까 의심한다. 헌 물건을 쓰지 않는 한국 사람들에게 재활용자선가게인 아름다운가게는 안될 거라고들 했다. 그러나 나는 생각이 달랐다. 한국 사람들은 원래 인정이 많은 사람들이다. 옆집의 어려움을 보고 그냥 지나치지 않는 민족이다. 나는 가난한 농촌에 살면서 자신의 집 곳간이 비었는데도 구걸 온 거지를 그냥 빈손으로 돌려보내지 않는 모습을 수없이 보면서 자랐다. 비록 우리가 일제치하의 혹독한 고난과 분단과 전쟁, 가난과 독재의 수난을 거치면서 마음의 문을 닫아버리기는 했지만 우리의 본성을 되살리는 것은 어렵지 않다고 보았다.

아름다운재단 5년을 지나면서 나는 그 인식이 맞았다는 사실을 확인했다. 부자와 가난한 이들 모두가 좋은 명분과 정확하고 투명한 회계, 전문적인 지식만 갖추고 있으면 기꺼이 기부하고 참여하려 했다. 물론 아직은 세계 최고의 자선 사회인 미국사회를 따라가기 위해서는 많은 과제가 남아 있다. 기부자에게는 인센티브가 따르는 조세제도가 도입되어야 하고, 어릴 때부터 나눔의 습관이 몸에 배어야 한다. 눈앞에 굶주리는 사람을 보고 돈을 내는 즉자적이고 감성적인 기부보다는 어느 쪽에 돈을 내는 것이 사회의 풍요와 발전에 가장 도움이 되는 것인지 잘 판단하는 이성적인 기부로 바뀌어야 한다. 자식에게 무조건 모든 것을 물려주어 자식의 독립심을 해치고 형제들끼리의 분쟁을 야기하는 상속 관행도 바뀌어야 한다. 무엇보다 어떻게 사는 것이 가장 보람 있고 훌륭한 삶이며 삶의 성취인 자산을 어떻게 정리하는 것이 가장 보람 있는 삶인지 철학적으로 성숙해야 한다.

목수가 연장을 탓하는 것처럼 모금운동가는 기부환경이나 기부법제, 주변환경을 탓할 수는 없다. 기부운동을 전개하는 모금단체들의 전문성과 투명성도 이러한 아름다운 사회를 앞당기는 데 필수불가결한 요소가 된다. 다른 나라에서 유행처럼 번지고 있는 지역재단

(community foundation)도 많이 늘어나야 한다. 그리고 보면 아직도 가야 할 길이 멀다. 그러나 희망은 저만치 있다. (2006. 아름다운 재단 5주년 자료집)

새로운 세상을 꿈꾸다*

하고 많은 좋은 일 가운데

어릴 적 할아버지가 아끼시던 곰방대, 어머니가 멀리 십리 길 장 보러 가실 때 비로소 꺼내 들여다보던 작은 화장대. 그 물건들은 언제나 그 자리에 오래오래 있었다. 한번 사면 평생을 간직하던 그 물건들은 바로 할아버지, 어머니의 또 다른 분신이다. 오래된 물건의 색깔과 냄새는 아름답고 향기롭기조차 하다. 그 자체로 인생의 향기가 묻어난다.

세상에 좋은 일이 많다. 그러나 이만큼 좋은 일은 없다. 재활용가게 운동. 무엇보다도 헌 물건에 새 생명을 불어넣는 일이다. 사람과

---

* 아름다운가게 자원활동가인 '활동천사'들에게 보낸 글이다.

마찬가지로 물건도 자신의 생명을 부여받고 태어난다. 그런데 아직 멀쩡한 것을 버리는 것은 사람의 생명을 빼앗는 것이나 다름이 없다. 하나의 물건은 많은 자원과 사람들의 기술과 땀방울이 합쳐져 이 세상에 존재한다. 그것이 마모되어 더 이상 쓸 수 없을 때까지, 할아버지의 것이 아버지의 것이 되고 다음에 또 아들의 것이 될 때까지 오래된 것은 그 존재 자체로도 아름다운 법이다. 자원의 절약이고 생명의 순환이다. 이런 일을 영업으로 하고자 하는 아름다운가게는 세상에서 가장 아름다운 사업체가 아닌가?

욕망이라는 이름의 전차

언젠가부터 우리는 전차를 타고 있다. '욕망이라는 이름의 전차'를. 끼니를 때우기 어려웠던 시절도 있었다. 그렇게 가난한 시절에는 오직 먹고살기 위해 몸부림쳤다. 그러다 어느 날 그토록 갖고 싶었던 전화, 텔레비전, 자동차를 갖게 되었다. 그런데도 욕망은 끝이 없다. 더 새로운 옷, 더 좋은 자동차, 더 나은 가전제품, 더 넓고 좋은 집을 갖기 위해 끝없이 노력한다. 매일같이 사고 버리는 대량소비 속에서 자원은 낭비되고 세상은 고갈된다. 그 속에서 우리의 인간성마저 실종된다. 평화와 생명과는 멀어진다.

우리는 끝없는 궤도를 달리는 전차 위에서 뛰어내리지 못한다. 탐욕과 이기의 욕망 때문에 투쟁과 부패와 파산이 줄을 잇는다. 타락한 인간, 부패한 사회, 천박한 행태가 판을 친다. 외형상의 풍요에도 불구하고 우리 스스로 바라는 행복 대신에 끝 모르는 빈곤감과 소외감에 시달릴 뿐이다. 그것은 결코 우리가 소망했던 것이 아니다. 아

'아름다운 나눔장터'는 언제나 시끌벅적하고
아름다운 거래들로 부산하다.

름다운가게는 이 탐욕과 이기의 궤도로부터의 이탈을 꿈꾼다.

사랑의 고물상

어느 집이든 가득 차 있다. 옷과 구두와 장난감과 액세서리와 가
구와 전자제품들이. 집안 구석구석에 더 이상은 쓰지 않는 온갖 물
건들이 집을 좁게 만들고 있다. 버리기에는 아까운데 더 이상 쓰지는
않는 그런 물건들이 부지기수로 늘어난다. 우리 주변에는 헌 물건이
지천이다. 하지만 그 헌 물건들을 어느 친척도 어느 이웃도 가져가
쓰려 하지 않는다. 그러니 멀쩡한 물건들이 먼지만 뒤집어쓴 채 세월

만 먹는다.

　이 물건들을 필요로 하는 사람들이 있다. 어떤 사람에게는 아무런 쓸모가 없는 물건들이 다른 사람에게는 소중하다. 버리려고 해도 돈이 드는 세상이다. 그야말로 자신에게는 애물단지가 어떤 사람에게는 보물단지가 될 수 있다. 그러나 그 물건들은 발이 없으니 스스로 필요한 사람에게 갈 수가 없다. 누군가가 그 다리가 되어야 한다. 필요없는 물건을 가진 분들에게 기부 받아 필요로 하는 사람들에게 싼 값으로 판다면 서로에게 좋은 일이다. 즉, 헌 물건의 복덕방이 된다. 아름다운가게는 기꺼이 그 복덕방이 되고자 한다.

　이 사업에 대한 구상을 말하면 많은 사람들이 "박변호사, 고물상 하겠다는 거구만." 하고 말한다. 그렇다. 고물상이다. 기꺼이 헌 물건을 기부하려는 사람들과 그것을 사 주는 사람들의 아름다운 마음씨를 파는 사랑의 고물상이며 거간꾼이다.

자선과 공익의 원천

　뿐만 아니다. 남는 수익은 공익과 자선을 위해 쓰인다. 아름다운 가게의 두 번째 목적이다. 아직은 헌 물건을 사려는 사람이 적고, 또한 헌 물건을 기부 받아 운반하고 분류하고 수선하고 판매하는 데 많은 비용이 발생한다. 그 비용을 빼고 나면 남는 수익이 많지 않다. 그러나 좀 더 전문적이고 체계적으로 유통체계를 짜기만 한다면 비관적이지만은 않다. 미국의 재활용가게 시장은 3조 6,000억원 정도에 이른다. 아름다운가게는 철저히 투명하고 효율적인 경영으로 채산성을 높이고 수익을 모두 공익과 자선에 사용한다.

22

영국은 어떤 마을엘 가도 마을마다 자그마하고 앙증맞은 가게가 중심가에 하나쯤은 있다. 거기에서는 뽀송뽀송하게 세탁해 걸려 있는 옷들과 낡고 헌 책들과 작은 전자제품들과 인형들이 주인을 기다리고 있다. 실상 그 가게에는 헌 물건만 있는 것이 아니다. 헌 물건을 구매함으로써 생기는 수익이 아름다운 곳에 쓰인다는 사실을 잘 알고 사 주는 주민들과 주부들의 아름다운 마음씨가 함께 숨 쉬고 있다. 그 유명한 영국의 옥스팜이 그것이다. 옥스팜에서는 수익을 전적으로 제3세계 빈곤구제와 사회구호에 쓴다.

아름다운가게도 그렇게 전국의 방방곡곡, 마을마다 만들어갈 것이다. 앞으로 전국적인 유통망이 만들어지고 좀 더 체계화된다면 수선 공장에 장애인들을 대규모 고용할 수도 있다. 오늘날 대기업들은 의무사항인 장애인 고용을 하는 대신 기꺼이 벌과금을 내려고 한다. 그래서 장애인 고용촉진 공단에 그 기금이 쌓이고 있다. 그러나 아름다운가게는 의무도 없지만 수선공장이 만들어지고 확장되면 장애인을 우선 고용하고자 한다. 어려운 입장에 있는 소외된 이웃에게 희망의 일자리를 마련하는 일, 그것이 아름다운가게가 지향하는 세 번째 목적이다.

소리 없는 생활혁명

아름다운가게는 단지 물건 거래만 이루어지는 곳이 아니다. 헌 물건 기부하고 다시 쓰기 운동뿐만 아니라 장바구니 가지고 다니기 운동, 무공해 세제 만들어 쓰기 운동 등 다양한 생활 실천운동에 동참할 수 있다. 어떻게 보면 사소하고 작은 변화와 실천이지만, 긴 안목으로 보면 우리 모두의 철학이 생태친화적이고, 인간적으로 바뀌기를 소망한다. 아름다운가게는 또한 보이지 않는 벽으로 단절되고 소외된 이웃을 소통시키고, 동네의 문제를 함께 고민하는 공동체의 마당이 될 것이다. 한 지역에 깊숙이 자리 잡고 그곳 주민들과 고객들의 지역의 고민과 생활의 현안과 삶속에서의 문화가 함께 숨 쉬고 소통하고 해결되는 장이다. 아름다운가게의 마지막 목적이다.

가랑비에 옷 젖는 줄 모른다는 말처럼 아름다운가게는 요란하고 거창한 구호보다도 소리 없이 이루어지는 생활혁명을 꿈꾼다. 작은 일을 실천해감으로써 결과적으로 큰 사회의 변화를 이루어내기를 소망한다. 남에게 요구하기보다 자신부터, 우리 동네부터 실천해 나가면 언젠가는 온 세상이 아름다운 세상으로 바뀔 것을 믿는다. 우리의 이 소박하고도 거대한 꿈이 작은 노력과 실천에 의해 현실로 바뀌리라고 우리는 확신한다. 우리 모두가 함께 한다면 이 꿈은 언젠가는 이루어지지 않겠는가.

아름다운 회고,
아름다운 전망

    지난 2005년 1월은 아시아의 재앙으로부터 시작되었다. 남아시아
에 불어닥친 '쓰나미'가 그것이다. 아름다운가게는 즉시 고통 받는
동시대인의 아픔을 조금이라도 달래기 위해 성금 2,000만원을 인도
네시아 등의 피해국가 단체와 대사관에 전달했다. 그리고 1월 말일
에는 구정을 맞이하여 가장 가난한 이웃들에게 최소한의 생존에 필
요한 식품과 물건을 담은 '나눔보따리'를 전달했다. 유난히도 추웠
던 그날, 언 손을 호호 불면서 500명이 넘는 활동천사들이 가난한
이웃들을 직접 찾아가 '나눔보따리'를 전달하기 위해 뚝섬에 모이는
장관을 연출했다. '나눔보따리' 행사는 서울을 비롯한 수도권과 부
산, 광주, 대구, 대전 등 전국에서 진행되었다. 나눔은 언제나 이렇
게 감동을 연출하는 법이다.

2월에는 두 번째 재활용상품 공모전이 진행되었다. 너무나 깜찍한 작품들이 응모되어 어느 것을 수상작으로 뽑아야 할지 심사위원들이 애를 먹었다는 후문이다. 재활용상품 공모전은 아름다운가게가 지향하는 또 하나의 가치인 '순환'의 세상을 이루는 수단으로 채택되었다. 생활 속에서 버려지는 물건들을 새로운 눈으로 바라보고 새로운 물건으로 재창조하는 작업들이다. 대학로 제로원디자인센터에서 열렸던 입상작 전시회에는 신기한 눈길로 관람하는 입장객으로 가득 차 행사를 준비했던 간사들에게 즐거움을 안겨주었다.

봄을 맞아 '2005년 아름다운나눔장터'가 뚝섬에 처음으로 섰다. 2005년에는 8월까지는 매월 첫째, 셋째주 토요일, 9,10월은 매주 토요일 장터가 열렸다. 장터가 열릴 때마다 평균 관람객이 3만명을 웃돌았다. '관람객'이라는 표현보다는 '참여 시민'이라는 말이 더 어울린다. 모두 중고물품을 파는 '장돌뱅이'가 되거나 그 물건을 사거나 자원봉사를 하는 분들이었기 때문이다. '아름다운 나눔장터'는 그야말로 언제나 시끌벅적하고 아름다운 거래들로 부산했다.

5월에는 예년처럼 어린이 벼룩시장 '병아리떼 쫑쫑쫑'이 전국 8개 도시에서 동시에 개최되었다. 해가 갈수록 아름다운가게는 늘어나고 늘어난 매장마다 모두 이 행사를 열었다. 아마도 내년이면 더 많은 곳에서 열릴 것이다. 자라나는 우리 아이들이 어릴 때부터 아끼고 나누고 함께 살아가는 세상을 만들어가는 '희망의 나무'로 자라도록 하기 위한 행사다.

'아름다운 아파트'도 잇따라 선정했다. 5월 '분당이매 동신9단지 아파트'가 '아름다운 아파트' 15호로 선정된 것을 비롯, 6월에는

26

'안산 고잔5차 푸르지오 아파트'가 16호, '인천 한신그랜드힐빌리지'가 17호로 선정되었다. '아름다운 아파트' 선정은 그후에도 계속되었다. 옆집 사는 사람들끼리 인사조차 나누지 않는 삭막한 '아파트'라는 괴물을 정이 통하고 훈훈한 인심이 솟아나는 희망의 주거지역으로 만들고자 하는, 아름다운가게의 또 하나의 공동체사업이었다. 아름다운가게는 오프라인에만 있었던 것이 아니다. 6월에는 '인터파크 아름다운가게' 사이트가 오픈됨으로써 온라인에도 '순환과 나눔'의 세상이 열렸다.

그러나 무엇보다 아름다운가게 구성원들을 들뜨게 만든 것은 우리 모두의 고생과 헌신의 열매인 수익배분사업이었다. 2005년 7월 상반기 수익나눔 3억 2,257만원(개인 383명, 단체 62곳 지원)이 이루어졌던 것이다. 그동안 아름다운가게가 헌 물건을 팔아 어려운 이웃과 함께 한 금액을 다 합하면 약 13억 1,800만원에 이르렀고 현물 나눔도 3만여 점이나 되었다. 스스로 생각해도 대견한 일이 아닐 수 없었다. 개당 평균 2,000원이 안 되는 헌 물건을 하나둘 팔아 이 많은 수익을 만들었던 것이다. 그렇다고 결과로서의 금액만이 중요한 것은 아니다. 그 과정에서 160명으로 불어난 간사들의 열정, 전국에서 5,000여 명의 정기 활동천사님들이 쏟아부은 땀의 노고, 수많은 기업들과 기관들의 참여가 있었고 이러한 결정체가 바로 수익배분이었던 것이다.

매장 오픈 행렬은 일년 내내 이어졌다. 누군가가 공간을 기증하거나 그 공간을 임대할 보증금을 마련해주고, 또 그 누군가가 인테리어 비용을 기증하거나 아니면 아예 인테리어를 해줌으로써 이루어지는 매장 오픈은 그 자체가 거대한 기부 행렬이었다.

2005년 1월 울산 신정점 오픈을 시작으로 8월 답십리점(50호점) 오픈까지 총 14개 매장이 새로운 나눔의 공간으로 탄생했다. 1월 울산 신정점, 순천 매곡점, 2월에는 대구 칠곡점, 전주 서서학점, 3월에는 해운대 스펀지점, 여수 둔덕점, 고양 행신점, 분당 이매점, 5월 평택 안중점, 잠실 성현점, 6월에는 전주 모래내점, 한양대점, 7월에는 익산 영동점, 8월에는 답십리점의 릴레이 오픈으로 간사들과 활동천사님들은 밤낮이 따로 없는 한해였다.

매장이 열리면 거기에 전시되고 판매되어야 할 물건도 늘어야 한다. 기증천사의 숫자도 지속적으로 늘어났다. 2005년 1월~8월까지의 기증량은 321만 6,462점이었고 이를 5톤 트럭으로 환산하면 3,215톤(643대 분량)에 이르렀다. 2002년 90톤(5톤 트럭 18대 분량), 2003년 1,226톤(245대분), 2004년 2,726톤(545대분)의 분량을 모두 합산하면 지금까지 총 7,257톤(1,451대분)의 물건이 수거되고 재활용되던 것이다. 이 수거물량 가운데 아름다운가게가 없었다면 상당한 물건들이 결국 쓰레기로 버려지고 쓰레기 소각장에서 태워져 이 땅을 오염시키는 데 사용되었을 것이다.

사실 나는 이 시기에 대부분 해외에 있었다. 상임이사로서 일선의 책임자인 내가 없는 상황에서 벌어진 이 빛나는 성과는 모두가 '저임금, 장시간 노동'에 기꺼이 자신의 젊음을 고스란히 바친 우리 간사들과 이들을 도우면서 귀한 시간과 재능을 아낌없이 내놓으신 우리 활동천사님들, 작은 물건 하나라도 깨끗이 정리하고 수선하여 내놓으신 이름 없는 기증천사님들, 그리고 기꺼이 그 물건들을 사감으로써 또 다른 나눔의 대열에 흔쾌히 참여하신 구매천사님들이 만들어낸 기적 같은 일이었다. 한편으로 죄송하면서도 깊은 경외심을 표하지 않을 수 없다. 100년의 역사를 자랑하는 미국의 '굿윌'이나 구세군이 쌓아올린 자선가게의 성과와 수준을 우리는 지난 3년 동안 이미 올라서고 있다. 아름다운가게는 이미 우리 사회에 '나눔과 순환'의 메시지를 시민들의 생활 속에 정착시키는 데 성공했다고 본다.

그러나 아직도 자만할 상황은 아니다. 개선해야 할 점도 많이 눈에 띄고 앞으로 가야 할 길도 멀다. 전국 시, 군, 구마다 하나씩 아름다운가게가 있어야 한다는 우리의 맹세는 아직도 실현되지 않았다. 지역사회와 더 끈끈한 관계를 맺고 지역사회의 중심으로서 역할을 다하겠다는 다짐도 아직은 공허한 느낌이 없지 않다. 제3세계의 가난한 이들이 만든 물건을 수입하여 이들을 돕겠다는 '대안무역'의 성과도 아직은 미미하다. 이제 아름다운가게가 3년을 넘어 다시 5년으로, 10년으로 나아가야 하는 분수령을 맞고 있다. 아름다운세상을 만들어내기 위한 아름다운가게의 지난 3년의 엔진은 아직도 쉴 틈이 없다. 저만치 희망이 보이는데 여기서 멈출 수는 없지 않은가. (2005. 아름다운가게 자료집)

스탠포드 대학과
서울대학

　내가 미국 스탠포드 대학에서 강의하기 위해 도착한 것이 2004년 12월 말이다. 학교에 가자마자 처음으로 보았던 대학신문에 실린 기사 하나가 흥미를 끌었다. 낸시 멍거(Nancy Munger)와 찰스 멍거(Charles Munger) 부부가 대학원생들의 기숙사를 지으라고 4,350만 달러를 기증했다는 소식이었다. 그 돈이 얼마나 되는지는 한참 손가락으로 헤아려 보아야 알 수 있었다. 520억 원이나 되는 돈이다. 한 부부가 낸 돈으로는 상상하기 어려운 거액이다. 내가 한국에서 나눔운동을 하다 보니 보이는 것, 들리는 것이 모두 이런 기부소식이다.

　도서관 건물에서부터 그 안의 장서에 이르기까지, 큰 대학건물에서부터 작은 벤치에 이르기까지 기부되지 않은 것을 찾는 게 어려울 지경이었다. 스탠포드 대학의 2004년 예산 가운데 학생들로부터 받는 등록금은 겨우 19%에 지나지 않는다. 나머지는 각종 기부금과 기금이자 수익 등으로 충당했다. 특히 그동안 기부된 돈을 가지고 만든 영구기금이 86억 달러나 되었다. 이 돈은 미국의 주식 등에 투자되고 그 수익은 다시 대학 운영에 사용되고 있었다. 공과대학에서는 개인이나 기업이 낸 돈으로 기금을 만들고 유명한 교수를 초빙하는데 그렇게 교수를 임명하는 기금이 36개나 되었다. 삼성도 그런 기업 중의 하나였다. 2002~2003년 한해 동안 이 대학은 6만 8,810명으로부터 4억 8,600만 달러를 모금하였다. 더구나 스탠포드 대학은 학부 발전을 위해 10억 달러 모금 캠페인을 시작했다고 한다.

이 돈은 모두 가난한 학생들에 대한 장학사업, 최신 기자재와 소프트웨어 구입, 유명 교수의 초빙, 학교 운영에 사용될 것이다. 현재 스탠포드에서 가르치고 있는 학자들 중에서 노벨상 수상자가 17명, 퓰리처상 수상자가 4명, 맥아더 펠로우가 23명, 전국 과학 메달 (National Medal of Science) 수여자가 21명, 전국기술상(National Medal of Technology) 수여자가 24명, 미국 예술과학 아카데미 회원이 224명, 전국공학아카데미 회원이 133명 ….

자랑할 게 너무 많아 도대체 모두 인용할 길이 없다. 한 명의 노벨상 수상자도 모시기 어려운데 한 대학에 17명의 노벨 수상자가 있다니 놀랍지 않은가. 이렇게 실력 있는 교수들에게 충분한 급여와 명예를 보장하고 데려오니 좋은 학생들이 몰리지 않을 수 없다. 스탠포드가 미국에서 최상위권의 좋은 대학으로 평가되는 이유가 바로 여기에 있다.

요즘 우리사회도 대학교육 개혁에 대한 논쟁이 뜨겁다. 국제적 학술지에 발표된 논문의 숫자를 중심으로 세계 대학들을 평가해서 매긴 순위 100위 가운데 한국의 대학은 하나도 들어가지 못했다고 한다. 중국 상하이교통대에서 발표한 세계 대학 순위 100위권 대학의 나라별 분포를 보면 미국 61개, 영국 8개, 독일 5개, 일본·캐나다 각 4개, 스위스·네델란드·스웨덴 각 3개, 호주·프랑스 각 2개…. 그리고 한 개의 대학이 순위에 들어간 나라는 오스트리아, 이스라엘, 벨기에, 핀란드, 이탈리아 이상 5개국이다. 천하의 영재들이 모인다는 서울대는 119위(《더 타임스》 기준), 153위(상하이교통대 기준)이다. 이런 사실을 들으면 아마도 많은 한국인들이 충격을 받을 것이다. 교육은 우리의 미래인데 우리나라의 최고 대학이 이 정도밖에 안된다니 놀라는 것도 당연한 일이다.

그러나 우리가 대학에 투자하는 것을 생각한다면 별로 놀라운 결과도 아니다. 우리의 미래인 젊은이들이 지식과 지혜를 갈고 닦는 대학에 우리 국민들은 얼마나 지원했던가. 스탠포드 대학의 동창들과 학부형들과 시민들이 그 엄청난 돈을 기부하고 그 젊은이들을 격려할 때 우리는 무엇을 했는지 되돌아볼 일이다. 이렇게 한 나라의 교육, 더 나아가 그 나라의 운명을 결정하는 것은 바로 기부문화이다. 자신이 평생 고생해서 번 돈을 기꺼이 우리의 미래에 기부하는 사람이 많은 나라, 그것이 바로 선진국이고 선진 시민이다. 이렇게 보면 기부의 문화, 기부의 습관이 바로 모든 영역의 밑거름이 될 것임에 틀림이 없다. (2005)

32

1% 나눔 캠페인

며칠 전 터져 나온 경실련 사태는 일반 국민들은 말할 것도 없고 시민단체 활동가들에게는 더더욱 참담한 일이었다. 공기업의 판공비 사용 실태에 대한 정보공개를 해놓은 상태에서 해당 공기업에 후원금을 요청했다는 것이다. 경실련측은 후원금 요청과 상관없이 판공비 사용 실태 정보공개청구운동을 그 이전부터 해왔다고 해명했지만 사정을 잘 모르는 일반 국민으로서는 납득하기 어렵다. 사회정의를 주장하며 권력을 감시하는 시민단체는 더욱 엄한 자기 기준과 원칙을 요구받을 수밖에 없다. 그런 의미에서 이번 사태는 많은 시민단체들에게 스스로를 되돌아볼 좋은 기회가 되었다.

이제 우리사회에도 수많은 시민단체들이 생겨났다. 어떤 단체, 어떤 사람이 한 잘못을 가지고 모든 시민단체와 활동가들을 도매금으로 몰고 갈 수는 없다. 그런데 이번 경실련 사태를 두고 몇몇 언론은 기다렸다는 듯이 모든 시민단체들이 기업에 손이나 벌리고 부도덕한 집단인 것처럼 보도했다. 그것은 사회정의와 공익을 위해 헌신하는 수천, 수만 명의 시민운동가들을 모독하고 명예를 훼손하는 행위다. 다수 시민단체와 활동가들은 윤리적 원칙을 지니고 헌신적으로 활동하고 있다. 뭐하러 이들이 그 박봉에 밤낮없이 사무실의 불을 밝히고 있겠는가. 감히 말하건대, 이들이 없다면 오늘 우리사회 어디에서 희망을 찾을 것인가.

재작년에는 미국, 작년에는 일본의 시민사회를 몇 달씩 여행할 기회가 있었다. 선진국들은 상품개발 경쟁만이 아니라 어떻게 하면 시민사회를 성숙시킬지 경쟁하고 있었다. 시민단체들의 성장과 확산을 위해 이런 저런 제도의 틀을 만들어내려고 안간힘을 다하고 있었다. 'NGO는 21세기의 키워드'라는 데 이론이 없었다.

시민단체들에 시민들이 내는 회비와 후원금에 대해 면세조치를 취하는 것은 기본이고 수많은 재단들이 시민단체들의 공익사업을 지원하고 있었다. 토크빌이 170여 년 전에 지적한 대로 미국의 민주주의는 이미 19세기부터 NGO들에 의해 성장해 왔다. 이러한 NGO 성장의 비밀의 열쇠는 바로 이들의 활동을 지지하여 회원이 되는 시민들의 참여와 이들의 활동을 재정적으로 지원하는 재단에 있다. 1996년 현재 4만 1,600여 개의 재단에, 그 자산도 310조 4,000억원이 넘었다.

일본의 경우도 마찬가지였다. 1998년 현재 공익법인 수는 2만 6,380개, 공익법인의 연간 지출액은 1,780조원에 이르렀다. 한 작가가 자신의 인세를 내놓아 만든 '녹색의 나무 한그루(미도리 잇뽄) 기금'에는 독자들이 성금을 모아 기금을 불리고 있었으며, 도쿄의 한 시민단체가 만든 '좋은여행(Bon Voyage)기금'은 시민단체 간사들의 국제교류를 지원하기 위한 것이었다. 도요타 자동차마저 재단을 세워 시민사회 지원프로그램을 시행하고 있었다.

불행하게도 이 땅에는 그런 재단이 거의 없다. 여러 재벌기업들이 문화재단을 내세워 골동품을 모으거나 언론재단을 세워 언론인을 포섭하려는 일은 했지만 NGO를 지원하는 일을 했다는 이야기는 듣지 못했다. 문제는 설사 그런 지원프로그램을 만들어도 올바른 시민단체들이라면 이를 받을 수가 없다. 그 재단이 여전히 그 기업에 지배되는 한 그 영향으로부터 벗어날 수 없기 때문이다.

어쩔 수 없이 시민단체들이 스스로 나서서 재단을 만들었다. 아름다운재단, 여성재단, 시민운동지원기금, 인권재단 등이 바로 그런 것들이다. 특히 동아일보와 함께 기부문화확산운동을 벌이고 있는 아름다운재단은 돈 많은 재벌보다 평범한 시민들의 한푼 한푼을 모아 공익사업을 지원하려는 의도에서 만들어진 재단이다.

오늘 들으니 아름다운재단이 벌이는 1% 나눔운동에 포항의 한 노점상이 수입의 1%를 내겠다고 신청했다고 한다. 대한민국의 기부는 언제나 국밥장사, 콩나물장사 할머니에 의해 이루어진다. 그러나 이 아름다운 행렬에 돈 많은 사람이 동참하는 것도 시간 문제이다. 이제 그런 돈에 의해 지원받는 시민운동 역시 떳떳하고 자랑스러울 수밖에 없다. 2001년은 시민단체들의 문전에 회원이 되거나 1% 나눔운동에 동참하는 시민들의 행렬이 이어지는 아름다운 해이기를 바랄 뿐이다.(2001)

희망은 희망을 보려는
사람에게만 보인다*

　뉴욕 아름다운재단이 1주년을 맞는다. 세월이 유수 같다지만 1주
년이 너무 빨리 다가온 느낌이다. 사실 뉴욕 아름다운재단은 오랜
산고 끝에 탄생했다. 아니 아직도 어쩌면 산후 고통이 완전히 가시
지 않았는지 모른다. 서울의 아름다운재단이 기부문화 확산과 한국
사회에 새로운 자선과 기부문화 모델을 만들어보고자 하는 큰 꿈을
가지고 탄생한 것이 2000년의 일이다. 기부문화의 선진국인 미국에
서 체계적으로 배우고자 미국 국세청의 면세지위[IRC 501(c),(3)]를
획득한 것이 2004년의 일이었다. 당시 뉴욕 아름다운재단의 이름만
올렸지, 실제 이사회를 제대로 꾸리고 사무실을 얻고 상근 간사를

* 뉴욕 아름다운재단 1주년 자료집에 실린 글이다.

확보한 것은 바로 1년 전의 일이었다. 시작이 반이라고, 사실 그것도 쉬운 일은 아니었다.

뉴욕 아름다운재단은 도대체 무엇을 할 것인가, 어디에서 모금을 하고 어디에 그 기부금을 쓸 것인가, 아니 왜 뉴욕 땅에 아름다운재단을 만드는가—이것은 당시 설립 과정에 참여한 많은 사람들 모두의 고민거리였다. 가장 단단한 결속력을 자랑하는 유대인 공동체나 아일랜드, 중국 공동체의 사례를 연구해보기도 하고 그동안 한인사회의 여러 재단들이나 모금활동을 비교해보기도 하였다.

가장 활발한 활동을 하고 있는 유대인 사회의 중심은 바로 각 도시와 지역마다 존재하는 지역재단(Community Foundation)에 있다는 사실을 발견했다. 이 재단이 유대인들로부터 모금을 하고 그 돈으로 다양한 커뮤니티 활동을 지원하면서 유대인 사회를 지탱하고 발전시키고 있는 것이다. 이민 100년의 역사를 가진 한인사회에서 대중적 모금을 벌이고, 그 모금된 돈으로 빈곤계층, 새로운 이민자 정착, 청소년과 노인층을 지원하고, 한국문화의 전파와 문화활동, 한국어 교육, 다른 소수민족과의 연대를 지원하는 전문적 재단이 없다는 것이 이해되지 않았다. 아름다운재단은 바로 이런 역할을 자임하면서 탄생했다. 참으로 무모한 일이었는지도 모른다.

실제로 많은 사람들이 우려했다. '한국사회는 어떤지 몰라도 미국 교민사회에는 돈 내는 기부문화가 낯설다.', '대부분 교회를 나가고 교회에 돈을 내지 이런 자선재단에 돈을 내겠는가.', '교회나 사찰에 돈 내고 나면 그런 재단에 낼 여력이 없다.' 이런 식의 걱정과 우려였다. 반드시 틀린 우려만은 아니었다. 아름다운재단의 지난 1년의 성과는 사실 그렇게 자랑할 만한 것이 아니었다. 모금의 액수 또는 참가한 교민들의 숫자-그 어느 면으로 보더라도 성공적인 것이라 할 수는 없다.

그러나 첫술에 배부를 수는 없는 일이다. 아니 오히려 첫술 치고는 너무 많은 동포들이 참여하고 너무 많은 돈이 모였다. 작은 가게들이 줄을 이어 매출 이익의 1%를 기부하는 나눔의 가게 행렬에 참여했고, 자신의 수익과 급여를 정기적으로 기부하는 교민들의 숫자도 늘어났다. 심지어 자신의 용돈을 털어 기부하는 어린아이도 있었다. 제법 규모가 있는 어느 동포기업은 몇만 달러를 쾌척하기도 했다. 프린스턴 지역의 유지들은 프린스턴 동포회관을 짓겠다고 선언하고 아름다운재단 안에 기금을 설치하기로 했다. 그 아름다운 마음을 보면서 나는 눈시울이 뜨거워졌다. 처음 치고는 많은 것을 이룬 한 해였다.

사탕수수 이민으로부터 100년. 불행한 한국 현대사의 질곡으로부터 벗어나기 위해 하와이로, 만주로, 다시 남미로, 중앙아시아로 이주해간 동포들이 지금은 700만을 헤아리게 되었다. 이렇게 큰 디아스포라(Diaspora) 공동체는 세계에서도 중국, 인도, 유대인에 이어 유례가 별로 많지 않다. 그 중에는 성공한 사람들도 있고 여전히 힘든 생활을 이어가는 지역, 한인들도 적지 않다. 서로 힘을 보태고 의지하고 돕는다면 지금의 형편보다는 훨씬 더 나아질 것이다.

작은 밀알 하나가 땅에 떨어져 썩으면 다른 밀알의 거름이 될 것이고 썩지 않으면 마침내 싹을 틔우고 자라서 큰 나무가 될 것이다. 뉴욕 아름다운재단이라는 작은 씨앗도 이제 겨우 싹을 틔워 자라나고 있다. 거친 비바람을 이기며 해를 거듭하면서 마침내 큰 나무가 되어 그 그늘 아래에 모여든 지친 동포들의 삶을 지켜주고 더 나아가 인근 다른 소수민족과의 연대를 이루어내는 그런 날이 반드시 올 것이다. 희망을 꿈꾸는 사람들은 늘 희망을 이룬다는 사실을 믿으면서. (2007)

북가주 아름다운재단

2003년 현재 외교부의 공식 통계숫자를 보면 해외동포의 수는 565만 명에 이른다. 그러나 어느 지역에도 등록되지 않거나 보고되지 않은 동포들의 숫자가 적지 않고, 아예 거주하고 있는 나라에 귀화한 경우도 많으니 실제 한국인의 피가 흐르는 해외동포의 수는 700만 명이 훨씬 넘을 것이라는 분석도 있다. 그러고 보면 남북한 동포의 수를 합해도 거의 열 명 중의 한 명은 해외에 살고 있는 셈이다. 숫자로 보면 이탈리아, 중국, 우크라이나, 인도, 이스라엘, 레바논 다음으로 많다.

해외 이주라는 것이 본국의 압박과 고난을 피하기 위한 경우가 대부분이지만 해외 한국인 이주의 역사만큼 시련과 고난의 역사를 가진 경우도 별로 없을 듯하다. 일제의 압제와 가난을 면하기 위해 이

북가주 지역 아름다운재단의 개소식.

루어진 간도 이주의 역사, 강제징용으로 시작된 일본 이주의 역사, 스탈린 체제하에 사할린에서 저 머나먼 중앙아시아로의 강제이주의 역사, 가는 곳이 어디인지도 모르고 인력수입업체에 의해 태평양을 건넌 하와이 사탕수수 이민의 역사가 바로 그런 시련과 눈물의 상징들이다.

시련과 눈물이 여전히 계속되고 있는 곳도 있지만 미주동포와 재일동포들의 경우에는 상황이 많이 개선된 것도 사실이다. 돈을 많이 번 부자도 적지 않고 생활의 안정을 찾은 동포들도 많다. 과거 100년 이주민의 역사를 뒤로 하고 이제 번영과 안정을 찾아가고 있는 것이다. 땀 흘려 일하고 고난을 이겨낸 당연한 결과다. 그러나 아직도 과제는 산적해 있다. 동포사회는 대륙별로는 말할 것도 없고 한 지역 안에서도 갈갈이 찢겨져 있다. 다른 민족사회에 비해 복지, 교육, 사업 등 많은 분야에서 뒤떨어져 있다. 동포사회의 리더십이 좋아지고 있다고 보기도 어렵다. 이렇게 계속 가면 2세, 3세에 이르러 언어, 문화, 풍습은 물론이고 과연 한국민족의 정체성이 얼마나 유지될 수 있을지, 각 지역사회에서의 한국민족의 공헌이 얼마나 이루어질 수 있을지 되묻지 않을 수 없다.

산적한 모든 문제를 하루아침에 해결할 비결은 없다. 그러나 좋은 재단을 만들고 모금을 많이 해 문제를 해결하려고 노력하는 사람들과 단체들에 재정적 지원을 해나간다면 틀림없이 성과가 클 것이다. 미국사회에서 지역재단이 크게 유행하고 있고 유대인, 중국인, 인도인의 지역재단들이 많이 생겨나고 있는 것은 이 때문이다. 사실 수백만, 아니 수억, 수천만 달러의 영구기금을 가지고 지역마다 재단을 두어 자기 민족의 지역사회 활동을 벌이고 있는 유대인재단을 보면 부럽기 짝이 없다.

북가주 아름다운재단은 이와 같은 문제의식에서 출발해 최근 미주사회에서 활동하고 있는 한인재단들이나 모금단체들을 분석해 보게 되었다. 미주지역 한인단체 중에서 공익을 목적으로 하고, 공공서비스를 제공하며, 공공으로부터 지원을 받는 비영리조직이면서 IRC 501(c)(3) 소득공제 지위를 가진 단체를 조사해본 결과 생각보다 많았다. 대략 198여 개 단체들이 모금사업에 종사하고 다양한 지원사업을 벌이고 있었다.

하지만 여전히 전체 모금액수와 배분액수는 열악했고 상근자 수도 적었다. 자산 100만 달러 이상은 8개 단체, 연간사업비 10만 달러 이상은 7개 단체에 불과했다. 웹사이트를 가진 단체도 35개, 10명 이상의 직원을 가진 단체도 3개뿐이었다. 이것은 아직 미주한인사회에서 모금과 배분사업이 본격적인 궤도에 오르지 못하고 있음을 말해준다.

오는 6월 14일 미주한인사회에서 나눔과 기부의 문화를 만들어내고자 북가주 아름다운재단이 출범한다. 미주한인사회에 기부문화가 들꽃같이 피어나고 그로 인해 우리 동포사회의 복지와 통합이 더욱 다져지고 미래의 희망이 강물처럼 출렁일 것을 소망해 본다. (2005)

자원봉사는
우리시대의 '패션'

몇년 전의 일이다. 연초에 고등학교 3학년생인, 키가 멀쑥하게 큰 친구 하나가 자원봉사를 하러 왔다. 매주 정해진 시간에 나와 어김없이 정해진 시간을 채우고 돌아가곤 했다. 고3이 공부에 매진해도 시간이 모자랄 텐데 자원활동을 할 시간이 있느냐고 물었더니 이미 중학교 때부터 여러 기관에서 자원활동을 해왔다는 것이다. 나중에 간사들에게 들어보니 공부도 반에서 1~2등을 다툰다고 하였다. 가을이 되어 수시모집에 응시한다면서 추천서를 써줄 수 있느냐고 해서 나는 흔쾌히 추천서를 써주었다. 그 성품과 성실성에 대해 자세히 언급했다. 일류대학이었는데 추천서 탓인지는 몰라도 합격이 되었다. 그리고 얼마 후 떡 한 말이 배달되어 왔다. 그 아버지가 감사의 마음을 담아 보냈다는 것이다. 하지만 감사한 것은 우리였다.

자원봉사가 제도화되기 시작한 초기여서 그런지는 몰라도 주변에서 실제 자원활동을 하지도 않았으면서 몇 시간 일했다고 증명서를 써 달라는 부탁을 자주 받는다. 이런 부작용도 있지만 그래도 학교의 자원봉사제도는 성공적이라고 나는 믿는다. 이제 자원봉사나 자원활동이라는 말이 보편적으로 쓰이게 되었다. '볼런티어21'이라는 단체에서 몇년 전 패션쇼를 열면서 "자원봉사도 패션이다"라는 슬로건을 내걸었다. 나도 한복을 입고 그 패션쇼에 참석했는데 어색하게 무대에 섰지만 즐거웠다. 이처럼 자원봉사는 이제 '시대의 패션'이 되고 있다.

아름다운재단은 몇년째 1% 캠페인을 주력사업으로 추진해 왔다. 자신이 가진 것이 뭐든 1%만 이웃과 나누면 우리가 사는 세상이 훨씬 더 따뜻해지고 아름다워지지 않겠느냐는 신념에서 벌이는 일이다. 여기에는 월급, 연봉, 인세, 축의금, 조의금 같은 온갖 형태의 금전적 나눔만이 아니라 자신의 시간과 열정과 심지어 끼까지 나눔의 대상이 된다. 개그맨 박경림 씨를 포함하여 탤런트, 연예인들도 자신이 가진 끼를 가지고 도와주고 있다.

미국의 경우 성인 인구의 거의 반수가 어떤 형태로든 자원활동을 벌이고 있고, 이들의 자원활동은 연간 약 800만명의 상시적 노동자가 제공하는 노동과 맞먹는다고 한다. 자원활동은 정부기관에서부터 종교단체, 사회복지시설, 풀뿌리시민단체들의 기둥이다. 자원활동이 없다면 이들 단체들의 많은 기능이 중단되거나 줄어들 것이 틀림없다. 지난 1999년의 경우 우리나라 국민 가운데 자원활동을 한 경험이 있다고 대답한 사람은 14%에 불과했다. 물론 최근의 움직임을 보면, 자원활동에 대한 언론의 보도가 잦아지고 초·중·고교와 대학에서 과목 또는 학점제로 채택되고 있는가 하면, 다양한 봉사그룹이 조직되는 등 현저하게 발전하고 있는 것도 사실이다. 하지만 여전히 선진국 수준을 기준으로 보면 가야 할 길이 멀다.

일반적으로 돈의 기부든 시간의 기부든 기부는 남을 위한 것이라고 생각하기 쉽다. 그러나 실제 자신의 돈을 기부하고 자원활동을 해본 사람들은 정작 자신을 위해서 하고 있음을 깨닫게 된다. 기부를 통해 큰 보람과 즐거움을 얻는 것이다. 그래서 한번 기부하고 자원활동을 해본 사람은 마치 마약에 중독되는 것과 같은 증상을 느끼게 된다. 미국의 모금안내서에서 권하는 첫 번째 모금의 원칙은 기부한 사람한테 가서 또 기부를 요청하라는 것이다. 그만큼 한번 기부해본 사람은 또 할 가능성이 높은 것이다.

요즘 은퇴를 앞둔 직장인이나 CEO들 가운데 필자에게 은퇴 후에 비영리단체나 사회복지기관에서 일하고 싶으니 좋은 곳이 있으면 소개해 달라는 부탁이 늘고 있다. 지금까지 자신과 가족을 위해서 평생 일했으니 이제 은퇴 후에는 이웃과 사회를 위해 일하고 싶다는 것이다. 아름다운 선택이 아닐 수 없다. 사람은 이기적인 삶을 산다. 누구나 부자가 되고 싶어하고 더 큰 성공을 이루고 싶어한다. 그러나 동시에 이타적인 본능도 가지고 있다. 이웃과 사회를 위하여 일하고 싶은 욕망이다. 가족을 위해 유보했던 이타적 삶을 이제 시작하는 이들에게 커다란 축복을 보내고 싶다. 우리사회도 이렇게 희망으로 변하고 있다.

인류의 최고 발명품
─ 재단법인제도

　베를린 근교에 산수시 궁이 있다. 그 궁에는 중세 통일 독일로 가는 길을 닦은 프리드리히 2세의 무덤이 있다. 하지만 그 무덤보다 관심을 더 끄는 것은 프리드리히 2세의 열두 마리 사냥견의 무덤이다. 왕의 끔찍한 사랑을 받았기 때문에 왕의 무덤 앞에 묻힐 수 있었던 것이다. 서양에는 자신이 사랑하는 동물을 위해 이렇게 좋은 무덤을 만들어주는 경우가 흔하다. 심한 경우에는 그 동물과 동물의 자손을 위해 재단을 만들어 그들을 보호하도록 하는 경우도 있다. 예를 들어 어떤 주인이 끔찍이 사랑하는 고양이 메어리와 그 메어리의 자손들을 돌보는 것을 목적으로 하는 재단을 설립하고 거기에 재산을 출연하는 것이다. 이건 어디까지나 실화다.

　인간은 장수의 꿈을 꾸지만 100세 이상 사는 사람은 드물다. 아무리 돈이 많은 갑부도, 아무리 막강한 권력을 지닌 사람도 죽음을 이길 수는 없다. 진시황 역시 불로초를 구하기 위해 안간힘을 다했지만 그도 역시 죽음을 면할 수는 없었다. 이것이 자연의 이치이자 법칙이다.

그러나 인간은 이 한계를 극복하기 위해 노력해 왔다. 자연의 생명을 영원히 연장하려는 노력도 있었지만 그것은 성공하지 못했다. 대신 인간은 사멸해도 그 뜻은 영원히 살아남는 제도를 발명했다. 바로 법인제도이다. 특히 재단법인은 인간이 출연한 돈에 대해 인격을 부여하고 여기에 영원한 생명을 부여하는 법률적 장치다. 사람은 죽어도 그가 남긴 돈은 영원한 생명을 갖게 되는 것이다.

카네기 위원회(Carnegie Council)는 철강왕 카네기가 남긴 재단이다. 이 위원회는 국제평화를 위해 네덜란드 헤이그에 국제중재재판소를 설립하기도 했고, 국제 인권 개선을 위해 많은 일을 하고 있다. 우리가 잘 아는 유엔의 국제사법재판소 사무소 역시 바로 이 국제중재재판소에 세들어 있다고 한다. 나 역시 카네기 위원회가 주최하는 아시아의 인권 문제를 논의하는 회의에 초청받아 갔으니 카네기 위원회의 신세를 진 셈이다. 말하자면 카네기는 죽은 지 오래지만 그가 남긴 돈은 영원한 생명을 얻어 좋은 일을 지속하고 있는 것이다.

미국에는 재단이 모래알처럼 많다. 수만 개의 재단이 수십조 원의 자산을 가지고 있다. 1996년 현재 이미 62만 개의 시민, 자선단체로 불어나 있다. 미국 정부 못지않게 이 재단들은 자신들의 기금과 수익으로 자선활동을 하는 한편 미국 국민의 사회복지를 위해 일하고 있다. 정부의 예산은 한번 쓰면 없어져 버리지만 재단의 기금은 대부분 축적되는 것이어서 영향력이 점점 커지고 있다. 미국의 경우

비영리 부문이 차지하는 금액이 전체 GDP의 7%에 이른다고 한다.

이와 같은 상황은 다른 나라도 마찬가지다. 일본의 경우 이른바 공익법인이라고 하는 사단법인, 재단법인에 종사하는 사람이 전체 산업종사자수의 0.9%에 이른다고 한다. 금융산업종사자수보다 더 많다. 선진국일수록 법인의 숫자가 많아지고 그 역할이 커지는 것을 알 수 있다.

이렇게 본다면 우리나라는 아직도 더 좋은 사회로 가기 위해 갈 길이 멀다. 더 많은 법인들이 생겨나고 사회공익과 자선을 위해 더 큰 역할을 할 수 있어야 한다. 더 많은 사람들이 피땀 흘려 모은 재산을 당대에 끝내거나 자식들에게 물려주어 낭비하기보다 영원한 삶을 부여해 지구의 종말이 올 때까지 선행의 원천이 될 수 있도록 해야 한다. 이제 우리사회도 새로운 전환기에 서 있다.

하늘에서 잠시 빌린 것을
되돌려주라

"돈은 하늘에서 잠시 빌린 것이니 내 모든 재산을 사회에 환원하라."

"모두가 재부를 바라지만 태어날 때부터 가지고 태어난 사람은 없고 누구도 떠날 때 가지고 갈 수는 없다. 모으는 재산은 다를지 모르지만 세상과 작별할 때는 재산을 모두 예외없이 사회로 돌린다."

"사회에 공헌하고 사람들에게 행복을 주는 것을 주요 뜻으로 삼되 오직 개인의 사리를 도모하는 것을 목표로 삼지 않기를 바란다."

얼마 전 대만 제2의 부자이자 '경영의 신'이라고 불렸던 고 왕융칭(王永慶)이라는 사람이 자식들에게 남긴 유언의 일부이다. 2008년 10월 15일 향년 91세로 세상을 떠나면서 자식에게 남긴 유언이 대만을 넘어 전세계 사람들에게 감동을 주고 있다. 그가 남긴 총 재산은 약 68억 달러(약 9조원)라는 어마어마한 규모로, 평생을 가꾼 대만플라스틱 그룹이 바로 그의 소유였다.

이렇게 큰 부자가 그 많은 재산을 몽땅 사회에 돌리라고 유언한 일은 차라리 하나의 사건이라고 할 만하다. 특히 자식에게 몽땅 상속으로 물려주느라 사회적 시비를 낳고 빈축을 사는 한국의 재벌과 부자들의 경우와 크게 대비된다. 어디 그뿐인가. 한국의 대기업과 재벌들이 상속 과정에서 온갖 편법과 불법을 동원하는 바람에 감옥을 가거나 법정에 선 사례들은 또 얼마나 많은가.

이렇게 억지로 물려준 부를 자식이 제대로 간수한 경우가 별로 없었다. 창업자였던 아버지와는 달리 흥청망청하거나 아니면 수성에 실패함으로써 2대에서 망해버린 기업이 부지기수다. 왕융칭은, "자식이 능력이 있으면 물려줄 필요가 없고, 자식이 무능하면 물려주더라도 간수할 수가 없다"면서 결국 자식에게 상속하지 않겠다고 했다. 그의 말과 지혜는 그래서 더욱 빛난다.

필자가 필리핀 막사이사이상을 수상하러 갔을 때의 일이다. 가난한 막사이사이재단은 상금을 매년 다 감당할 수가 없었다. 막사이사이가 대통령으로 재직할 때부터 교유했던 록펠러 가는 매년 상금을 보태왔다. 그래서 수상식에도 록펠러의 증손녀가 참석했다. 내 옆자리에 앉았던 그녀는 이렇게 말했다. "자선은 우리 가문의 비즈니스다"라고.

록펠러 가문은 어떤 기업의 경영에도 직접 관여하지 않는다. 그러나 그 부는 계속 세습이 되고 이들은 그 부로 계속 재단을 만들고 재단에 기금을 보태고 그것으로 온 세상에 좋은 일을 한다. 그것이 그 가문의 사업이라는 것이다.

우리도 왕융칭이나 록펠러같이 멋있는 기업인을 보고 싶다. 이와 같은 일로 존경받는 기업인이 많이 생겼으면 좋겠다. 부가 부끄럽고 수치스러운 것이 아니라 존경과 사랑의 표징이 되는 그런 사회가 오기를 기다린다.

2

나누는 사람들

구두쇠 할머니들의 이야기

① 지난달 숨진 필라델피아의 매리 맥긴스 할머니. 그녀는 87년 평생 그 흔한 라디오 한 대 없이 살아왔다. 식사 때면 노인보호소에서 무료급식으로 끼니를 때우는 게 다반사였다. 그러나 장식용 난로 속에 숨겨놓은 현찰은 무려 50만 달러였다. 더욱이 숨지기 전 140만 달러(약 12억 3,000만원)를 장학금으로 내놓아 이웃의 탄성을 자아냈다.

② 1월 101세를 일기로 숨지면서 2,200만 달러(약 193억원)의 거금을 예시바대에 기부한 앤 스카이버 할머니. 놀랍게도 그녀는 뉴욕 맨해튼의 월세 450달러짜리 남루한 아파트에서 평생을 지내왔다.

③ 지난해 88세로 사망한 에디스 아그네스 플럼 할머니는 이보다 더 많은 9,800만 달러(약 857억원)를 병원에 기부했다.

④결혼 당시 무일푼이었던 올리브 스윈들러 할머니도 95년 94세로 사망하면서 주식투자로 번 480만 달러(약 42억원)를 워싱턴의 청각장애학교에 쾌척했다. 그녀는 어찌나 구두쇠였던지 한겨울에도 전혀 난방을 하지 않고 살아왔다.

⑤레이먼드 페이는 그야말로 누더기 옷만 걸치고 살다가 지난해 92세로 숨졌는데 그가 죽은 지 몇 달 뒤에 공동도서관에 150만 달러(13억 1,000만원)를 내놓은 것이 밝혀지면서 백만장자였음이 드러났다.

1997년도 3월 13일자 미국 〈USA투데이〉가 소개한 미국의 구두쇠 할머니 5인에 대한 소개 기사다. 거지같이 살았지만 사실은 정승같이 산 사람들이다. 어디 미국 할머니들만 그런가. 한국에도 있다.

①서울 방배동에 있는 20평 남짓한 삼호아파트에서 최병순(84세)씨는 혼자 살고 있었다. 방 두 개 중 한 개는 사글세를 주었고 최씨가 생활하는 안방엔 달달거려야만 돌아가는 재봉틀이 덮개를 쓴 채 침대다리 쪽에 놓여 있었다. 역시 그만큼 낡아 보이는 장롱은 이가 맞지 않는 서랍들을 삐죽이 내밀었다. 희뿌연한 덮개가 얹혀진 채 농 옆에 서 있는 경대가 방 주인의 고단한 세월을 지켜보는 것 같다. 과일행상을 하여 평생 모은 돈 10억여 원을 순식간에 대학 장학금으로 내던진 주인공이 이 할머니이다.(〈주간조선〉. 1999. 5. 27)

②79세 할머니가 47년간 홀몸으로 삯바느질과 보따리 장사를 하

면서 모은 5억여 원을 고향의 한 고교에 장학금으로 기증했다. 경기 여주군 강천면의 노인복지시설인 파티마 성모의 집에 살고 있는 손성찬 씨는 2일 고향인 강원 평창군 평창읍 평창고교에 장학금 증서를 전달했다. 손씨는 평생 마음 놓고 생선 한 토막 사먹지 못하고 택시 한번 타지 않았을 정도로 근검절약한 것으로 알려졌다.(〈동아일보〉, 1999. 7. 3)

③2남 1녀의 자식을 모두 잃고 혼자 살다가 간암에 걸린 할머니가 어렵게 일군 20억여 원의 재산을 장학기금으로 대학에 기탁했다. 이 땅은 할머니가 일찍 남편과 사별한 뒤 식당과 목욕탕을 하며 마련한 재산이다. (〈한겨레신문〉, 1998. 9. 29)

④김은주 할머니(84세)는 1만 6,000여 평의 농원에 나무를 키운다. 김할머니는 지난 13일 고양시내 9개 중고교생 11명에게 1,500만원의 장학금을 줬다. 1년치 등록금 전액이다. 작년 2억원을 출연해 은주육영회를 설립한 이후 첫 사업이다. 부족한 재원을 마련하기 위해 시가 20억원의 땅을 내놓았다. 김할머니는 51년 1.4후퇴 때 고향 평양을 떠났다. 전쟁 직후 서울에 자리를 잡은 할머니는 명동에서 도심이라는 다방을 운영했다. −지금 입고 있는 내복은 15년 전에 산 것이다. (〈조선일보〉, 1999. 11. 19)

⑤김정실 할머니(72세)가 20년 동안 살고 있는 단칸방에는 보일러 파이프가 방의 절반 정도에만 깔려 있다. 할머니는 매사에 그렇게 절약한다. 연탄을 때던 시절에도 번개탄을 사본 적이 없었다. 지난 11일 김정실 할머니는 평생 동안 삯바느질을 해서 모은 전 재산 4억 원을 가톨릭대학에 기증했다. (〈함께하는사회〉, 1998. 1~2월호)

돈이란 누구에게나 소중한 것이다. 돈 때문에 사람이 죽고 살기도 한다. 그 가난과 역경을 통해 번 돈이 아깝지 않으랴. 그러나 이 할머니들은 평생을 모은 재산을 이렇게 자선과 공익을 위해 내던졌다. 개미같이 벌었지만 거지같이 살다가 정승같이 쓴 것이다. 권력과 돈, 그 탐욕 때문에 숱한 정치인들과 대통령의 아들까지 국민들의 손가락질을 받는 오늘날 이 할머니들의 이야기는 언제 들어도 소낙비 같은 감동을 준다. 이런 할머니들의 기부 행진, 그 속에 우리의 희망이 있다.

여덟 남매에게
특별한 삶을 선물한
김천중 선생

　김천중 씨와 그의 가족들은 조금 특별하다. 여덟 형제와 남매간의 각별한 우애도 그렇지만 이들 가족이 특별한 까닭은 가족들의 사랑과 함께 1%의 나눔이 모이고 있기 때문이다. 이 가족의 1% 나눔, 그 시작은 맏형인 김천중 씨에게서 비롯했다. 서울 충무로에서 화원을 운영하고 있는 그는 연말 아름다운재단을 찾았다. 연말을 즈음해 무언가 좋은 일을 하고 싶었다며 100만원을 내어놓은 그에게 나눔의 가게를 소개하자 그 자리에서 나눔의 가게를 신청했다. 자신의 가게 이름으로, 크지는 않지만 버는 돈의 1%가 매달 꼬박꼬박 모여져 이웃과 사회를 위해 꼭 필요한 곳에 쓰인다면 큰 보람일 것이라는 게 나눔의 가게를 신청한 이유다. 잠시의 머뭇거림도 없었다.

　그의 따뜻한 마음의 결은 금세 가족들에게로 전해졌다. 지난 봄

아름다운재단의 든든한 후원자로 활동하고 있는 김천중 선생.

어머님의 제삿날, 온 가족이 모였을 때 김천중 씨는 자신의 '나눔의 가게'와 '1% 나눔'에 대해 이야기를 전하며 가족이 함께하면 좋겠다는 뜻을 넌지시 비쳤다. 강압이 아닌 설명이었는데도 그의 일곱 동생들은 당장 시작하겠다며 그 뜻을 반겼다. 서울 창신동에서 조그마한 인쇄기획사를 운영중인 넷째 동생 김은중 씨를 비롯하여 둘째는 부산에서, 셋째는 대전에서, 다섯째는 제천에서, 여섯째는 인천에서 나눔의 가게를 함께하게 된 것이다. 쌀 한 되라도 나누던 생전 어머님의 가르침이 유산이 되어….

한 신문에 이렇게 소개된 김천중 선생은 아주 특별한 분이다. 아름다운재단 창립 직후에 재단으로 찾아와서 아직까지 아름다운재단의 든든한 후원자로 활동하고 있다. 그분이 아름다운재단의 든든한 기둥이 된 이유는 많은 돈을 내서가 아니다. 그는 나눔의 길에 많은 사람들을 끌어들인다. 자신의 여덟 형제 남매를 몽땅 아름다운재단 기부자로 만들었다. 뿐만이 아니다. 3년 전 아름다운재단이 헌 물건을 기부 받아 판매하고 남는 수익을 자선에 쓰는 아름다운가게를 창립했을 때 그는 선뜻 자신의 차량을 기증했다. 그때만 해도 누가 물건을 기부하고자 해도 그것을 가져올 차량이 없었는데 그 사정을 듣자 선뜻 자신이 쓰는 차량을 내놓은 것이다. 그때 그 차량 앞뒤에 김선생이 운영하던 '남향화원'의 로고가 선명하게 찍혀 있던 기억이 난다. 자주 재단에 놀러 와서 이런 저런 아이디어를 내놓으시기도 한다. 그러니 우리 간사들도 모두가 김선생을 잘 알고 친하게 지낸다.

재단으로서야 많은 돈을 내는 분이 좋다. 그러나 아름다운재단은 그런 분보다 작은 것을 함께 나누는 평범한 우리 주변의 시민들의 돈을 더 소중히 여긴다. 1% 나눔운동을 펼치는 이유가 여기에 있다. 우리가 가진 것 100개 중의 한 개는 우리 이웃과 사회의 좋은 변화를 위해 쓸 수 있게 하자는 것이다. 그러나 나눔에의 길은 그리 간단하지 않다. 용기가 필요하다. 김선생은 아주 평범한 분이다. 작은 화원을 운영하고 있으니 큰돈을 버는 건 아니다. 그러나 한번도 빠지지 않고 벌써 5년째 이 나눔을 실천하고 있는 것이다. 바로 아름다운재단이 바라는, 아니 우리 시대가 가장 이상적으로 생각하는 시민상을 그대로 실천하고 있다. 언젠가 이런 시가 우리 재단에 배달되어 왔다.

아름다운 꽃은 외모만 아름답다고 아름다울 수 없습니다.
마음이 따뜻해야 아름답다고 말할 수 있습니다.
우리 주변에는 마음이 따뜻하고 남을 돕기 위해 베푸는 삶을 사는
아름다운 꽃들이 많습니다.
아름다운 꽃은 조건이 없습니다.
항상 나누는 마음뿐입니다.
아름다운 꽃은 항상 자신을 희생합니다.
따뜻함과 베푸는 마음 나눔 희생이 모이면 꽃보다 아름다운 꽃을
피울 수 있습니다.

김천중 선생이 지은 시다. 그리고 그것은 바로 자신에 대한 것이
기도 하다. 김선생 본인이 지향하고 실천하고 있는 삶을 그대로 묘
사한 시다. 이 시에서 묘사하듯 내가 바라본 김선생은 바로 따뜻한
마음, 베푸는 마음, 희생하는 마음 그 자체였다. 김선생이 이제 좋은
글들을 써 책을 내신다 하니 그 마음이 시와 글로 묶여져 더 많은 사
람에게 나눔의 향기가 퍼져갈 것으로 믿는다. 나눔의 마음을 지닌
아름다운 꽃들로 뒤덮인 세상을 김천중 선생과 더불어 꿈꾼다.

나눔 전도사 김형권

　나는 택시기사 김형권을 아주 좋아한다. 무엇보다 자기 앞가림도 급한데 그는 쓸데없이 아름다운재단이나 들락거리고 작은 돈들을 모아 아름다운재단에 기부한다. 자신만 하는 것이 아니고 자신의 택시에 타는 승객들에게 향해 기부하라고, 좋은 일에 돈 쓰라고 쉼 없이 권한다. 아마도 게중에는 그에게 자기 일이나 챙기라고 손가락질할 사람도 있으리라. 하지만 그는 아랑곳하지 않고 이와 같은 일을 직업이나 다름없이 계속한다. 아예 자신의 택시 안에 나눔의 공간을 만들어 아름다운재단의 홍보물을 잔뜩 갖다놓았다. 못 말리는 사람이다.

　내가 그를 좋아하는 이유는 또 있다. 이렇게 세상을 기웃거리고 남들 앞에 나서서 이렇게 하자, 저렇게 하자 권유하면서도 겸손할

줄 아는 사람이다. 아름다운재단 홈페이지에 들어와서 이런 글, 저런 글을 올리고 때로는 자기 자랑을 하기도 하다가 스스로를 향해 "아직 머-얼었다"고 말할 수 있는 사람이다.

언젠가 나는 나눔에 관해 쓴 내 책에 나 스스로를 '나눔의 전도사'라고 자칭한 적이 있다. 그러나 택시기사 김형권은 나보다 훨씬 훌륭하고 열정적인 '나눔 전도사'이다. 바로 자신의 생활현장에서, 택시 안에서, 그리고 택시를 운전하지 않을 때에도 아름다운재단 사무실에서, 또 어디에서든 나눔을 외치고 다닌다. 그것도 모자라 글을 써 올린다. 이런 사람이 '나눔의 전도사'가 아니면 누가 '나눔의 전도사'가 될 수 있겠는가.

더구나 그에게는 또 하나의 재능이 있으니 바로 글쓰는 솜씨다. 자신의 생활주변에서 있었던 이야기를 아주 쉽게 우리들에게 들려줄 수 있는 재능을 가졌다. 사람은 어떤 위대한 문구나 문장에 감동받지 않는다. 그런 글은 너무 많기 때문이다. 오히려 우리 주변에서 있을 수 있는 작은 이야기들에 감동을 받는 경우가 많다. 그것은 아주 작고 여리고 때로는 초라할 수도 있지만 그래도 우리 이웃의 이야기이고 때로는 나 자신의 이야기, 나 자신의 느낌이기도 하기 때문이다.

하루종일 택시 안에서 사람을 태우고 내리는 일을 하는 것은 참 피곤할 것처럼 보인다. 그러나 그는 거기에서 만나는 사람들과 대화하고, 나누고, 그리고 그것을 이야기로 풀어냈다. 그는 참 위대하면서도 평범한 우리 동네 아저씨고 택시기사고 나눔의 전도사이다. 계속 그런 걸음과 태도와 글을 통해 우리를 감동시켜 주길 바란다.

엔씨소프트와 함께한
크리스마스의 감동

　크리스마스를 맞이하여 아름다운재단은 특별한 행사를 하나 진행했다. 12월 초부터 2주간에 걸쳐 진행된 '몰래몰래 크리스마스' 캠페인이 그것이다. 이 행사는 전국 106개 저소득 지역 공부방 아동들을 대상으로 산타클로스에게 받고 싶은 선물을 접수받아, 아동 1인당 5만원 내외의 선물을 총 2,093명에게 지원하는 것이었다. 물론 이 모든 행사는 '몰래몰래'라는 말 그대로 철저히 비밀리에 진행되었다. 일이 다 끝나고 나서야 이 사실이 언론에 공개되었다.

　이 아이들을 위해 또 다른 특별한 음모가 있었는데, 바로 엔씨소프트와의 비밀작전이었다. 아름다운재단이 준비하고 있던 이 캠페인을 우연히 알게 된 엔씨소프트는 다양한 방법으로 이 작전에 참여했다. 사내 온라인 게시판을 통해 대부분의 임직원들이 자발적으로

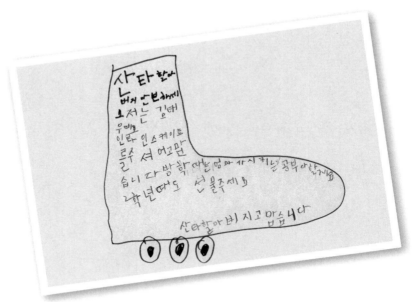

'몰래몰래 크리스마스' 행사 때 한 어린이가 나눔산타에게 보내준 '아주 특별한' 카드.

나눔산타가 되어 아동 한 명 한 명에게 정성스런 편지를 쓰고 각 아동이 원하는 선물을 후원해 주었다. 또한 엔씨소프트 기업 차원에서도 임직원들이 나눔산타가 될 경우, 선물 금액의 50%를 임직원들에게 지원해줌으로써 기업과 임직원이 모두 캠페인에 참여하는 열의를 보여주었다. 짧은 캠페인 기간 동안 엔씨소프트는 전체 지원액의 절반에 가까운 5,500여 만원을 모금해 주었다. 이것이 인연이 되어 엔씨소프트는 아름다운재단, 아름다운가게와 다양한 사회공헌 활동을 준비하고 있다.

아름다운재단에서 일하면서 나는 언제나 감사와 보람 속에서 더

할 나위 없는 행복을 누리고 있다. 사실 남과 이웃을 위해 내놓는 돈은 부자에게나 가난한 이에게나 모두 소중한 법이다. 벤처 기업들이 짧은 시간 안에 많은 돈을 벌기도 해서 사람들의 부러움을 사고 있지만 동시에 곱지 않은 시선이 있는 것도 사실이다. 그런데 엔씨소프트가 아름다운재단의 '몰래몰래 크리스마스' 행사에 참여한 과정이나 내용, 그후 뵙게 된 사장님의 말씀이나 태도를 보면서 나는 벤처 기업에 대한 선입견을 깨끗이 씻을 수 있었다. 어떤 대가도 바라지 않고 단지 그 돈이 좋은 곳에 쓰이기만을 바라는 겸허한 마음을 내내 느낄 수 있었다.

오늘날 많은 기업들이 유행처럼 사회공헌 사업을 벌이고 있다. 사회공헌팀을 만들기도 하고 사회공헌 예산을 늘리기도 한다. 참으로 바람직한 현상이다. 하지만 그러한 기업들과 사회공헌 업무를 함께 하거나 행사를 진행하면서 여전히 홍보를 포함한 가시적인 효과를 바라는 경우가 많다는 사실을 발견하게 된다. 당장 돈을 내놓았으니 그만큼의 효과를 봐야 한다는 생각이 지배적이다. 돈을 버는 것을 목적으로 하는 것이 기업이다 보니 이해 못할 일은 아니다. 하지만 담당자의 그와 같은 태도를 접하면 실망하지 않을 수 없다. 그런 의미에서 아무런 보도도 원치 않았고, 어떤 조건도 걸지 않았던 엔씨소프트 임직원들의 헌신적인 나눔의 행동에 큰 감명을 받지 않을 수 없었다.

나눔이란 자신의 것을 남에게 나누어주는 것이다. 남에게 주면서 남으로부터 대가를 바란다면 진정한 나눔의 정신이라 할 수 없다. 요즘 유행하는 말로 뇌물죄가 성립하려면 '대가성'이 있어야 한다.

'대가성'이 있다면 그건 진정한 나눔이나 자선이라고 하기 어렵다. 그런데 나는 언젠가부터 나눔에 대가가 없는 게 아니라는 생각을 하게 되었다. 왜냐하면 나눔에 참여한 사람은 그만큼 아니 그 이상의 보람과 행복을 느끼기 때문이다. '마더 데레사 효과'라는 말이 있다. 가난한 이들을 위하여 평생을 바쳤던 '마더 데레사'를 보기만 해도 기분이 좋아지고 건강해지는 효과가 있다는 것이다. 그냥 해보는 소리가 아니라 미국의 한 대학이 실증적 연구를 해서 밝혀냈다고 한다.

그 이론이 맞다면 엔씨소프트 임직원들은 아마도 원래 하느님이 주신 생명의 연한보다 조금은 더 오래 살 것이다. 이렇게 많은 아이들의 평소의 소원을 들어주었으니, 그 아이들은 얼마나 기뻤을 것이며, 그것을 바라보는 기부자로서 엔씨소프트 임직원들은 또한 얼마나 즐거웠겠는가. 좀 더 건강하게 살려면, 좀 더 행복해지려면 기부하라. 필요한 사람들과 나누라. 누구에게나 해당하는 명언이자 진리이다.

기부하는 당신은
나를 부끄럽게 합니다

박음전 선생님, 안녕하세요. 뵌 지가 벌써 몇 달이 되어가는 것 같습니다. 여름철 휴가 때문에 수입이 조금 나아지리라고 생각했는데 태풍, 홍수가 계속되면서 사람들 발걸음이 끊겨 박선생님의 영업도 걱정이 되는군요.

우리 박선생님은 울산의 어느 포구에서 행상을 하고 계십니다. 그 행상이라는 게 번듯한 것도 아니고 포구에 나오는 주민들이나 여행객들을 상대로 커피와 음료수, 과자 따위를 파는 허름한 행상이라고 들었습니다. 그런데 언젠가 제가 일하고 있는 아름다운재단이 벌이고 있는 1% 나눔운동에 참여하셨지요. 그리고 또 얼마간의 시간이 흐른 후 박선생님은 멸치 한 상자를 보내오셨지요. 저희 간사들 고생한다고 말입니다. 그런데 저희들이 어떻게 그걸 먹을 수 있겠어요? 그렇게 고생하셔서 번 돈으로 사주신 것인데요.

그래서 저희들은 재단 행사 때 '멸치 한 상자'의 사연을 이야기하고 경매에 붙였습니다. 그랬더니 어떤 분이 그걸 30만원에 사셨고 그 돈을 우리는 멸치한상자기금의 종자돈으로 삼기로 결정했습니다. 비록 큰돈은 아니지만 남의 도움을 받아야 할 분이 오히려 남을 돕자고 내놓은 돈이니 얼마나 가치 있는 돈이고 기금입니까? 그후 다시 박선생님은 매일 3,000원씩 적립해서 그걸 모아 한달에 금 한 돈씩을 보내 주셨습니다. 이미 열 돈이 넘어 우리가 고스란히 그 기금에 넣어놓고 있답니다.

저는 우리 박선생님을 보면서 세상에 나누지 못할 가난은 없구나 하는 생각을 하게 되었습니다. 온 세상이 재산을 늘리기 위해 치열한 아귀다툼을 벌이고, 재산 때문에 온갖 싸움을 벌이고, 심지어 형제 사이에도 그러고 있는 지경입니다. 저는 변호사 하면서 이와 같은 일을 너무 많이 보았지요. 그래서 자식들에게 재산을 많이 남기는 것만큼 바보짓은 없구나 하는 생각을 하게 되었답니다.

박음전 선생님이 언젠가 우리 재단 행사에 한번 참석을 하셨지요. 그때 사람들은 어떻게 그런 훌륭한 일을 할 수 있느냐고 물었지요. 그랬더니 우리 재단에 자신의 전재산 5,000만원을 기부하신 정신대 김군자 할머니 예를 들면서 "나는 그런 끔찍한 경험도 안하고 가족들이 모두 건강하게 잘 살고 있는데 내가 조그마한 그런 일을 했다고 그걸 어떻게 훌륭한 일이라고 할 수 있느냐"고 반문을 하셨지요. 하기야 그런 아름다운 마음을 가지고 계시지 않았다면 어떻게 그런 일을 할 수 있었겠어요?

박선생님 아시듯이 저도 언젠가부터 변호사 일을 그만두고 시민 운동이랍시고 가족들에게 고통을 주는 못난 가장이 되고 말았는데요. 돈이라는 게 없으면 불편할 때가 많이 생기더라고요. 그런데 그것도 습관이 되고 적응이 되니까 차츰 괜찮아지긴 하던데 그래도 가난을 뛰어넘기가 어디 그리 쉬운가요? 우리 박음전 선생님을 뵈면서 저도 다시 마음을 가다듬고 반성을 하게 됩니다. 그래도 저는 여전히 우리 박선생님보다 훨씬 낫기 때문이지요. 게다가 때로는 변호사 그만둔 것을 후회할 때도 있답니다.

저희 애들이 둘인데요, 박선생님. 여자 아이는 이제 대학교 1학년이고, 남자 아이가 고등학교 3학년이에요. 몇년 전 저는 아이들 앞에서 "너희들 대학 들어가서 입학금과 첫 학기등록금만 대줄 테니 나머지는 알아서 하라"고 선언을 했지요. 애들이 한참 심각하게 생각하더니 그러면 1학년까지만 해달라, 그러면 나머지는 아르바이트를 하든, 장학금을 받든 하겠다고 해서 그렇게 타협을 했습니다. 이렇게 내 뜻을 따라준 아이들이 자랑스럽다는 생각도 들더군요. 하지만 요즘 속으로는 나중에 이 아이들이 유학을 가거나 결혼을 하면 그래도 뭔가 좀 도와줘야 할 텐데 아버지가 되어 아무것도 해주지 못할 것 같아 가슴이 아픈 것도 사실입니다. 그런데 바로 우리 박선생님을 보면서 저는 또 위로를 받습니다.

하기야 저도 시골에서 책가방 하나 짊어지고 서울로 왔지요. 공부 열심히 해서 변호사도 되었지요. 사람들은 변호사가 되면 큰 부자가 되는 줄로 알더라고요. 그러나 부자가 된 변호사보다 저는 더 부자입니다. 우리 박선생님 같은 분도 만나고 좋은 분들 만나서 세상에 좋은 일을 많이 하고 있기 때문이지요. 우리 시대에 진정한 부자는 물질적 부자가 아니라 이렇게 마음이 부자인 사람들이라고 생각하면서 살아가고 있습니다.

저는 아름다운재단을 통해 기부문화운동을 하면서 어느 때는 큰 위로를 받고, 또 어느 때는 절망을 느끼곤 합니다. 하루에도 몇 차례씩 희망과 절망이 교차할 때도 많습니다. 우리 박선생님 외에도 국가로부터 지원을 받는 장애인이 계신데 이분도 1% 나눔운동에 참여하고 계시고, 또 구두닦이 하는 분도 참여하고 계십니다. 이런 분들 뵈면 희망이 막 샘솟지요. 작년인가 저희 재단에서 이웃을 위해 자신의 생명과 인생을 바치는 적지 않은 분들이나 그들의 가족을 위해 뭔가 기금을 하나 만들자는 이야기를 했습니다. 의인기금이라고 이름을 붙였지요. 그래서 이걸 언론에 소개했더니 전화가 엄청 많이 왔는데 유감스럽게도 돈을 내놓으시겠다고 한 분은 거의 없었고, 반대로 그 돈 좀 쓸 수 없는가 문의하신 분이 대다수였습니다. 기금은 70여만 원이 모였고요.

물론 저는 우리 국민들이 결코 인색하다고는 보지 않습니다. 텔레비전 ARS를 보면 순식간에 억대의 돈이 모이지 않습니까. 더구나 우리 박선생님을 비롯해서 1% 운동에 참여하는 수천 명의 기부자들을 보면 알 수 있는 일이지요. 그런데 아직도 기부를 꺼리는 분들을 보면서 우리 국민들이 기부금을 받은 자선단체들을 충분히 믿지 않고 있는 게 아닌가. 그리고 미국이나 선진국처럼 세금감면 혜택을 제대로 주지 않고 있는 것이 아닌가 하는 생각을 하게 됩니다.

아무튼 박음전 선생님, 너무 고단하게 일하시지 말고 언제까지나 건강하세요. 그래야 이런 좋은 일도 계속하실 수 있는 것 아니겠습니까. 또 저희들도 우리 박선생님에게 늘 감사하고, 선생님의 격려에 더욱 잘하도록 노력하겠습니다. 그럼 안녕히 계세요.

아름다운재단의 박원순 드립니다.

헌신과 봉사,
성령과 희망의 공동체

상가 3층 39평에서 시작된 우리들의 이야기는 여월동 1,400여 평의 건물을 지을 수 있도록 지난 16년 간 주님이 신실하게 인도해 오셨습니다. 사실은 그런 외형적인 크기의 성장을 말하려고 하는 게 아닙니다. 작은 개미군단 같은 연약한 자들이 얼마나 행복하게 우리가 믿는 주님 때문에 지난 세월들을 보냈는지, 고백하고 싶었습니다.

성만교회 이찬용 목사님의 '고백'이다. 사실 39평의 임대 교회에서 1,400평의 큰 교회건물로 성장한 것은 하나의 기적이다. 그러나 사람들은 단지 건물과 외형만을 바라보기 십상이다. 그러니 그것을 기적으로 생각하는 것이다. 그 열매를 낳은 뿌리와 줄기와 잎을 보지 못하는 것이다. 오늘 성만교회의 기적은 내부적으로 행복한 종교 공동체를 일구어내고 동시에 외부적으로 사회봉사를 다한 결과물에 다름 아니다. 어찌 보면 아주 간단한 일이다. 좋은 씨앗을 뿌리고 그 것을 잘 가꾸면 좋은 열매는 저절로 열리지 않겠는가.

내가 검사직을 사임하고 변호사로 개업할 때 어느 분이 한문으로 글을 하나 써주셨다. 글의 말미에 "大德이면 得其位라"고 써 있었다. 큰 덕을 쌓으면 저절로 자리는 온다는 뜻이다. 그런데 세상 사람들 은 어리석게도 자신의 덕을 쌓고 실력을 함양할 생각은 않고 자리만 탐한다. 하지만 행운으로 또는 억지로 그런 자리를 얻을 경우 그 자 리 때문에 화를 입는 경우도 많다.

교회도 마찬가지가 아닐까? 좋은 신앙의 비전과 뜻을 가지고 좋은 신자들이 모여들어 스스로 행복하고 이웃에게 그 행복을 나누는 신 앙공동체를 만들면 교회가 커지고 좋은 평이 나는 것은 당연한 일이 아닐까?

지난 수년 동안 성만교회의 리더 이찬용 목사님을 지켜보니 세상 에 아주 훌륭한 신앙의 씨앗이 뿌려지고 그것이 쑥쑥 자라나는 모습 그 자체였다. 이 목사님과 인연을 맺은 것은 아름다운가게를 통해서 였다. 이 목사님은 성만교회 안에 아름다운가게 건물터를 만들어놓 고 입주할 것을 요청했다. 사실 전에 아름다운가게가 몇몇 교회에 입주를 요청했으나 성공하지 못한 일도 있었다. 그런데 먼저 가게 터까지 만들어놓고 요청하다니! 감동 받지 않을 수 없었다.

그뿐이 아니었다. 부목사님을 비롯해 모든 신자 분들이 아름다운 가게를 기꺼이 즐겁게 맞아주고 예우하고 함께 협동하는 것이 아닌가! 함께 일하다 보면 의견이 맞지 않는 경우도 있고, 언짢은 경우도 있게 마련인데 내가 간사들로부터 듣기로는 성만교회에 들어간 아름다운가게에서는 한번도 그런 일이 없다고 했다. 오히려 누구나 도와주고 협력해 준다는 것이다. 그뿐만 아니라 성만교회 안에 카페를 열어 동네 주민들도 마을사랑방으로 이용하게 했다.

그후 이찬용 목사님으로부터 부천시에 자폐아동들을 위한 시설을 만들고 싶다는 말을 듣고 내 친구이자 전국자폐인협회장인 김용직 변호사를 소개해 드리기도 했다. 그렇게 힘들어하는 장애인들과 그 부모들을 그대로 두고 볼 수 없다는 인도적 고민을 하고 있었던 것이다. 이것은 그만큼 성만교회가 헌신과 봉사, 성령과 희망의 공동체라는 것을 증명하는 것이 아닐 수 없다.

최근 대형교회를 중심으로 빚어지는 여러 문제들로 인해 교회가 세상의 비판을 받는 일조차 생겼다. 너무나 물량 중심적이고 권위주의적인 교회의 모습을 보게 되기도 한다. 그러나 온 세상에 열려 있는, 이웃과 함께하는 교회가 우리 주변에 훨씬 더 많다고 생각한다. 그 중에서도 성만교회는 처음부터 이렇게 이웃과 나누고 세상과 함께함으로써 예수님의 사랑과 기독교의 정신을 가장 잘 실천하려는 뜻을 세우고 실천해 왔다고 나는 감히 생각한다. 성만교회의 신자들과 이찬용 목사님의 아름다운 꿈과 소망이 온 세상에 퍼져나가기를 바란다. (2008)

뷰티풀 펀드
– 세상을 아름답게 만드는 화장품?

 1992년 하버드 대학교 유학 시절이었다. 대학신문의 어느 칼럼이 시선을 사로잡았다. 지금도 잊지 않고 있는데, 미국의 여류소설가 도로시 파커였다. 그녀는 자신의 칼럼에서 이렇게 물었다. "세상에서 가장 아름다운 영어가 무엇인지 아느냐"고. 그리고 스스로 대답했다. "수표가 들어 있습니다"(Check Enclosed)라는 말이라고. "여기 보내 드리는 이 수표는 당신들의 좋은 뜻을 위해 기부하는 것입니다"라는 뜻이다. 사실 정작 아름다운 것은 그 말이 아니라 그 뜻이다.
 나는 이때 받았던 감동을 가슴에 새겨두고 있다가 몇분과 힘을 합쳐 아름다운재단을 만들었다. 아름다운재단은 말 그대로 세상에서 가장 아름답게 돈쓰기를 권유하고 실천하기 위한 재단이다. 영어로

이 재단을 번역하면 'Beautiful Foundation'이다. 외국 사람들은 처음 이 재단의 이름을 보고 무슨 화장품회사가 설립한 재단이냐고 묻는다. 그 뜻을 설명하면 정말 좋은 이름이라고 감탄한다. 사람의 얼굴을 예쁘게 하는 화장품이 아니라 사람의 마음을 아름답게 만드는 것이 이 재단의 뜻이다.

과연 설립과 더불어 이 아름다운 뜻은 새끼를 치기 시작했다. 이 재단이 중심적으로 내건 캠페인, 아름다운 1% 나눔운동에는 이미 몇천 명이 참여하고 있다. 매달 자신이 버는 돈의 1%를 기꺼이 남을 위해 내놓는 사람이 이렇게 생겨난 것이다. 심지어 돈만이 아니라 자신이 가진 재능과 끼를 내놓는 사람들이 있다. 연예인들의 경우가 대표적이다. 이 재단을 홍보하고 이 재단이 주최하는 콘서트에 출연함으로써 자신이 가진 끼를 내주는 행동은 연예인의 아름다운 얼굴보다 더 아름다운 마음에서 비롯한다. 이 운동에 참여하는 사연들은 하나같이 가슴 뭉클하다. 포항의 바닷가에서 행상을 하는 아줌마가 있는가 하면 정부보조금으로 연명하는 장애인이 그 보조금의 1%를 내놓기도 했다. 이들을 보면서 나눌 수 없을 만큼 가난한 사람은 없다는 사실을 깨닫게 되었다.

그러던 중 한솔교육이 이 운동에 참여했다. 이 회사는 세전 이익 1%를 아름다운재단에 기부했을 뿐만 아니라 사장님을 포함하여 직원들, 그리고 나아가 회사의 고객들까지 참여하기 시작했다. 기업은 돈을 벌기 위한 조직이다. 한푼이라도 더 벌기 위해 아귀다툼을 벌이는 세상이다. 그런데 선뜻 수익의 1%를 내놓는다는 것은 숭고한 일이 아닐 수 없다. 이번 결정을 통해 한솔교육은 결코 돈을 버는 데

78

만 목적이 있지 않다는 것을 증명했다. 기업의 목표는 최대한 영리를 남기기 위한 것이라지만 따지고 보면 그게 최종의 목적은 아니다. 기업은 종업원에게 좋은 보수와 근로조건을 제공하며 주주에게 많은 배당을 하기도 하지만 나아가 좋은 상품으로 소비자를 만족시키고 남는 이윤을 사회에 되돌려준다. 오늘날 미국이든 유럽이든 일본이든 '기업시민' 또는 '기업의 사회공헌'이라는 말이 유행이다. 사회에 공헌하는 기업이 훌륭한 기업임을 말해주는 것이다.

그러나 언제나 실천이 어려운 법이다. 나는 시민운동을 하면서 주변의 친구들이나 만나는 사람마다 "좋은 일 한다"는 인사를 듣는다. 그러나 그 말은 실상 나에게 아무런 도움이 되지 않는다. 그런 인사치레보다 회원이 되어 주고 작은 돈이라도 회비를 내주기를 바라는 것이다. 밥을 굶는 사람에게는 한 그릇의 죽과 빵 한 조각이 필요하다. 돈이 없어 학교를 못 가는 어린 학생에게는 학비가 필요하다. 그러나 세상에 돈이란 누구에게나 귀한 법이다.

아직 오지 않은 NGO 시대를
열기 위하여[*]

김재석 사무처장님

김혜정 사무총장님

박정숙 사무처장님

이태호 사무처장님

전성환 기획실장님

정경란 소장님

정보연 사무국장님

[*] 포스코 청암재단은 좋은 사회를 만들어가기 위해 오랜 세월을 바친 시민사회 지도자들을 해마
다 10명씩 선발해 미국과 캐나다의 유명대학에 유학을 보내는 일을 해왔다. 그런데 이명박정
부가 들어서면서 이런 일마저 외부압력으로 그만두게 되었다. 마지막 기수가 된 2009년 3기
펠로우들의 모임에 아쉬움과 함께 보낸 글이다.

정현곤 사무처장님

정희선 사무국장님

최현모 사무처장님

이렇게 한 분씩, 한 분씩 이름을 불러보고 싶었습니다. 직접 가서 노고를 위로해 드리고 싶기도 하고 그동안의 애환을 듣고 싶기도 했습니다. 그렇지만 다른 일정 때문에 결국 가지 못하고 말았습니다. 안타깝기 그지없습니다.

아마도 엄청 고생하고 있을 겁니다. 안 봐도 눈에 선하답니다. 가족을 데려간 사람은 물론이고 혼자 지내는 분일지라도 낯선 땅, 낯선 언어, 낯선 문화에 적응하는 것이 어디 쉬운 일이겠습니까? 집 임대계약 하는 일에서부터, 아이 의료보험을 만들거나 자동차 보험 체결하는 일에 이르기까지 수많은 시행착오와 질문과 확인의 과정이 있었겠지요. 영어, 여전히 잘 안 들리고 입에서 잘 안 나오지요? 제가 다 압니다. 제가 다 경험해 보았거든요.

그래도 그 모든 과정이 다 학습이고 배움이었을 것입니다. 새로운 세상, 다른 사회를 체험하는 것은 늘 자신과 자신의 사회를 비교하고 그 차별성을 배워나가는 과정입니다. 그리고 아마도 그 낯선 깨달음은 늘 우리사회를 어떻게 더 개선해볼까, 더 나은 시스템으로 만들어볼까 이런 고민으로 이어졌을 것입니다. 하루하루가, 매시간 매시간이 노심초사였겠지요. 제가 다 압니다. NGO활동가의 생각이라는 것이 뻔하니까요.

그런 과정과 배움이 이제 다시 한국에 돌아와 새로운 시민운동,

NGO의 길을 여는 데 동기가 되고 주제가 되고 깃발이 될 것입니다. 저는 늘 이렇게 해외에서의 체류와 여행이 새로운 운동의 시발점이 되곤 했답니다. 1991년 영국에서의 1년, 1992년 미국에서의 1년 체류가 참여연대 설립과 그 활동으로, 1998년 미국 아이젠하워 펠로우 경험이 2000년 아름다운재단의 설립으로, 2004년 독일과 2005년 미국 스탠포드대 체류가 희망제작소로 이어지곤 했답니다.

여러분이 계시지 않은 한국에는 많은 변화와 우려와 실망이 교차하고 있습니다. 특히 NGO영역에서는 상전벽해(桑田碧海)의 변화가 있습니다. 위기와 절망의 세월이라고도 합니다. 이명박 정부하에서 NGO와 시민사회는 적대적인 관계로 돌변했습니다. 여러분을 보내준 청암재단 NGO 펠로우십마저 사라졌습니다. 찬바람이 대한민국 골목마다 불고 있습니다. 그러나 늘 위기는 기회이기도 합니다. 특히 현실에서 비켜나 미래의 비전을 키우고 있을 여러분들이야말로 위기에 빠진 한국의 시민사회에 희망을 불어넣을 역할을 할 것이라고 기대하지 않을 수 없습니다. 어제는 흘러갔고 오늘은 흘러가고 있으며 미래는 아직 오지 않았습니다. 감히 믿건대, 진정한 NGO의 시대는 아직 오지 않았습니다. 좀 더 성숙하고 좀 더 확산된 시민사회는 이제 시작일 뿐입니다. 여러분들이 바로 그 새로운 시민사회의 시대를 열어가는 개척자입니다.

너무 엄숙해졌나요? 너무 큰 부담을 드렸나요? 맞습니다. 늘 일을 잘하는 사람은 놀기도 잘합니다. 세월은 늘 유수같이 흐르지요. 부지런히 노세요. 부지런히 책장을 넘기세요. 부지런히 싸돌아다니세요. 열심히 가족과 함께 지내세요. 그리고 검게 탄 얼굴과 좀 더 달라진 마음으로 돌아오세요. 돌아와서 인사동 어디에 가서 막걸리나 한잔 합시다. 그리고 그동안 여러분과 1기, 2기 펠로우들을 전폭적으로 지원한 포스코와 포스코 청암재단의 최광웅 부이사장님, 임직원 여러분께도 감사의 마음을 전합시다. 어려운 시대에 어려운 일을 해 주셨습니다. 건투를 빕니다.(2009)

세월은 가도 역사는 남는다

    세월도 가고 사람도 갔다. 질풍노도의 한국 현대사에는 수많은 사건이 있었고, 풍운의 주인공들도 있었다. 그들 중에는 재판을 받고 교도소로 간 사람들도 적지 않다. 또 사형에 처해진 사람도 있고 나중에 대통령이 된 사람도 있다. 그후 이 사람들이 어떤 사회적 역할을 했든 숱한 세월이 흐르면서 모두가 역사의 저편으로 사라지고 있다.

    그러나 아무리 세월이 흐르고 사람이 사라져도 역사는 남는다. 그들의 활동과 발언과 행적은 역사 속에 생생히 남는다. 후세의 사람들은 그것을 통해 배우고 따른다. 그러므로 기록을 통해 남은 역사는 엄중하고도 소중하다.

    한국의 지난 현대사는 독재와 권위주의, 분단과 전쟁, 외세와 투쟁, 이념의 갈등과 대립, 빈곤과 소외로 점철되어 있다. 양심과 정의가 실종되기 일쑤였고 정치적 반대자와 소수자들이 정권에 의해 철저히 억압, 보복당했다. 그리고 이러한 일들은 흔히 사법적 절차와 과정을 통해 정당화되었다. 반공의 이데올로기가 지배하던 시대에 수많은 지식인들이 빨갱이라는 너울을 뒤집어쓰거나 반국가사범이라는 낙인이 찍혀 법정에 서야 했다.

그러므로 법정은 우리 현대사의 분류(分流)가 모이는 곳이었다. 단순히 사람과 사람, 사익과 사익의 충돌이 벌어지는 곳이 아니었다. 오히려 그 시대의 핵심적 모순과 그에 대한 저항이 불꽃을 튀며 충돌하는 곳이었다. 그러나 대체로 의로운 저항자들의 패배로 귀결되는 것이 보통이었다. 적어도 법정에서 정의를 찾기는 어려웠다.

그러나 이 의로운 사람들을 향해 기꺼이 그들의 뜻에 동조하고 그들의 분투를 지원하기 위해 나선 사람들이 있었다. 바로 '인권변호사'들이었다. 이들은 그저 한 사람의 직업인으로서의 사명을 넘어서 동시대 지식인으로서의 양심에 기초해 그 저항자들과 한 편이 되었던 것이다.

한승헌 변호사는 이러한 인권변호사의 선구자적 지위에 있는 분이다. 그는 일제시대의 인권변호사들의 뜻을 이어받고, 인권변론의 비조(鼻祖)라고 일컬어지는 이병린 변호사의 뒤를 잇는 분이다. 1960년대 이후 그는 수많은 문인들의 필화사건과 억울하게 법정에 선 정치인들, 예술인들, 평화통일운동가, 기타 지식인들의 변론을 맡은 단골 변호사였다. 이른바 시국사건이라는 이름의 재판에서 자신이 피고인으로 서는 바람에 변호사 자격을 박탈당한 70년대 말의 몇 년을 제외하고는 그의 이름이 변호인으로 올라 있지 않은 시국사

한승헌 변호사(맨 오른쪽)와 함께한 필자.

건은 찾아보기 어려울 것이다. 한때 반공법 위반으로 구속되고 처벌되는 등 한변호사 자신도 큰 희생을 치렀다.

이제 그 엄혹하던 시대는 갔다. 아직 인권의 문제가 완전히 사라졌다고 보기는 어려워도 과거와 같은 무지막지한 고문과 처형의 시대는 갔다. 산타나라고 하는 미국의 철학자는 "역사를 잊으면 같은 잘못을 되풀이한다"고 갈파한 적이 있다. 과거의 역사와 기록을 소홀히 하는 민족은 그 착오를 또 반복할 수밖에 없다. 오늘 우리 시대 인권의 과제 중의 하나는 바로 과거의 기록을 정확히 기록하고 그 교훈을 후세에 남기는 것이다.

그러나 과거 그 처절한 시절에는 기록을 제대로 남기기도 어려웠다. 당사자 본인들은 말할 것도 없고 변호인들마저 기록을 보존하기 어려웠다. 그러나 한승헌 변호사는 스스로 역사학자처럼 자신이 변론했던 기록을 보존하고 사건의 당사자들에게 당시 상황을 회고하게 하는 등 역사를 복원하고 정리하고 기록하려는 노력을 다해왔다. 《한승헌 변호사 변론사건 실록》은 바로 그 노력의 한 매듭에 다름 아니니다.

이 책에 나오는 사건은 가능한 한 당시의 상황을 복원하기 위해 공소사실, 판결문, 변론요지서와 같은 공식 문건뿐만 아니라 피고인 본인의 회고, 전문가들의 평가와 의견 등을 함께 싣고 있다. 언제나 그렇듯 검찰이나 법원의 공식문건만으로는 당시의 상황을 제대로 설명하기 어렵다. 관계된 여러 당사자들의 각기 다른 입장과 해명을 들음으로써 비로소 진실과 성격의 온전한 복원이 가능해진다. 이 책은 바로 이러한 다각적인 접근을 함으로써 현대사 속에 매몰되어 있는 사건의 실체를 하나하나씩 풀어가고 있다는 점에 그 특색이 있다.

사실 본인을 포함해서 간행위원들이 한 일은 많지 않다. 이 모든 사건을 꼼꼼히 챙기고, 기록을 뒤적이고, 당사자들에게 글을 채근하는 일을 한승헌 변호사 본인이 했다. 그런 점에서 부끄럽기 짝이 없다.

한변호사는 자주 이런 말을 하곤 해 좌중을 웃기곤 했다. "내가 맡은 사건에서 무죄가 난 경우는 거의 없다. 그럼에도 사건이 끝나고 모두들 나에게 고맙다고들 했다." 언제나 유죄가 나고 엄혹한 형이 선고되어도 한변호사는 인기 있는 시국사건의 단골변호사였다. 그것은 바로 유무죄의 문제라기보다는 피고인의 뜻을 가장 잘 이해하고 그 사건을 가장 잘 설명할 수 있었기 때문이다. 어차피 당시 인권 변호사들의 변론은 법정과 재판부 판사들이라기보다 다음 시대와 국민대중에게 향해 있었던 것이다.

이제 후세를 향해 외쳤던 한변호사의 변론은, 이 실록을 통해 현재의 우리와 후세의 가슴에 남을 것이며 시대의 정의를 세우는 데 큰 역할을 할 것이다. 한변호사, 그는 당시의 법정에서는 연전 연패했지만 역사의 법정에서는 승리자로 남을 것이다.

3

그리운 사람들

그리운 시절,
그리운 사람*

    사람이 그리운 것은 그 사람과 맺은 사연과 추억 때문이다. 고 임
길진 교수님이 그리운 것은 그분과 사귀었던 그 시대와 그 시대를
통해 우리가 맺은 정과 활동들이 그립고 소중하기 때문이다. 그분과
함께 꿈꾸었던 일들이 미완성인 것들이 더 많아서 더욱 안타깝기 때
문이다.

    1991년 하버드 법대에 객원연구원으로 유학하고 있던 시절, 임길
진 교수님은 당신이 대학장으로 있던 미시간 대학에 나를 초청했다.

---

* 임길진 교수님 추모 문집에 쓴 글이다. 임교수님은 미시간대학 국제대학원장, KDI 대학원장
등을 역임했다. 미시간 대학에서 필자가 강연하는 것을 주선했고 그 인연으로 아름다운재단
이사를 지냈다.《미래를 향한 인간적 계획론》《북한의 식량문제 실태와 대책》《21세기의 도전》
등 제목만 보아도 그가 얼마나 인간과 미래의 문제를 가지고 씨름한 사람인지 잘 알 수 있다.
2005년 2월 10일 불의의 교통사고로 미국에서 돌아가셨다.

한국의 인권에 대해 강의를 해 달라는 것이었다. 지도를 찾아보니 이스트 랜싱이라는 곳은, 내가 있던 보스턴에서는 제법 멀었다. 이 왕이면 인디애나에 있던 정병호, 이기호 등 친구들과 합류하기로 했다. 그들은 임길진 교수 '팬 클럽'(임길진 교수님이 인디애나 대학의 샴페인 어바인의 교수로 있을 때 학위를 했던 친구들이다)이기도 했다. 보스턴에서 인디애나와 시카고를 거쳐 미시간으로 가는 데 3~4일이 걸렸던 기억이 난다.

한국의 인권문제에 관심이 있는 사람들이 얼마나 되랴 싶었지만 강의에 참석한 사람들이 자리를 가득 메웠다. 임길진 교수는 그 대학에 이미 한국학파, 한국 관심자를 가득 만들어 두었던 것이었다. 뒷풀이 자리는 계속 이어져 마침내 임교수님 댁까지 쳐들어가게 되었다. 혼자 살기에는 큰 집이었다. 그러나 워낙 드나드는 사람들이 많으니 공간이 불필요하게 컸다고 생각되지는 않았다. 그의 주변에는 언제나 사람들이 붐비고 있었다.

그렇게 맺은 인연은 계속되어 마침내 임길진 교수님은 내가 사무처장으로 일하던 참여연대의 후원자가 되었고, 나중에 만들어진 아름다운재단의 이사로까지 선임되었다. 멀리 미국에서 활동중이었지만 이사회에 꼬박꼬박 출석한 것으로 기억된다. 언제나 회의 중간에 많은 아이디어를 내놓으시고 또한 주도적으로 회의 진행을 하셔서 답답하기 쉬운 재단 이사회의 회의에 활력소를 불어넣으시곤 했다. 미국과 한국, 심지어 중국 등 전세계를 주름잡고 활동을 하셨기 때문에 회의를 놓치실 때는 어김없이 그 다음 방문시에 간사들을 불러 모아 밥을 사주시곤 하였다. 교수님이 관여하시는 단체들이 많은데도 불구하고 한 단체, 한 명의 간사들까지 이렇게 챙기시는 것을 보면서 얼마나 다정다감한 분인가를 알 수 있었다.

그분은 우리 간사들을 포함하여 시민단체 간사들에게 자신이 재직하시는 대학에 무료로 연수할 수 있는 기회를 제공하셨다. 아름다운가게 김연희 간사의 경우, 생전에 초청해주셨는데 안타깝게 돌아가신 뒤에 그 약속대로 지금 미국에 가서 연수중이다. 이렇게 행운을 잡은 간사들이 적지 않을 터이다. 시민사회에 대한 끔찍한 애정과 배려로 젊은이들의 꿈을 키워주시고, 그 꿈을 이룰 수 있도록 온갖 지원을 아끼지 않으신 애정들이 바로 밑바탕에 있었기 때문에 가능한 일들이었다.

또한 개인적으로 임길진 교수님과 우리 시대가 처한 많은 문제들에 대해 논의하곤 했다. 그분이 전공한 도시계획을 넘어 한국의 국제적 위상, 환경문제, 부패와 사회정의 등 다양한 주제에 대해 토론하고, 대화를 나누었다. 나는 임교수님이 가진 비전과 생각이 현실 속에서도 좀 더 구체적으로 반영되었으면 하는 소망을 가지고 있었다. 언젠가는 최열 환경연합 대표님께 "우리가 이 분을 국무총리나 대통령 비서실장으로 추천 한번 해보면 어떨까?"라고 말한 적도 있었다. 그이는 그러한 직책을 감당하고도 남을 해박한 지식과 국제적 감각, 그리고 경륜과 열정을 가지신 분이었다.

그런데 갑자기 돌아가셨다는 비보를 듣고 한동안 그 사실이 믿기지 않았다. 그렇게 건강하신 분이 그럴 리 없다는 생각이 들었던 것이다. 진실로 우리는 이 나라의 미래를 밝혀줄 지도자 한 분을 잃었다. 우리 시민사회의 든든한 기둥을 하나 잃었다. 그분이 미처 다하지 못한 일들을 우리가 맡아 실천하는 것이야말로 그분을 진정으로 추모하고 계승하는 길이 될 것이다. 참으로 그이가 그립다.

마지막 한 조각
자신의 몸까지 바친 그이여!*

나는 나룻배 당신은 행인

당신은 흙발로 나를 짓밟습니다.

나는 당신을 안고 물을 건너갑니다.

나는 당신을 안으면 깊으나 얕으나 급한 여울이나 건너갑니다.

만일 당신이 아니 오시면 나는 바람을 쐬고 눈비를 맞으며

밤에서 낮까지 당신을 기다리고 있습니다.

당신은 물만 건너면 나를 돌아보지도 않고 가십니다 그려.

---

* 2005년 9월 15일 조계종 총무원장 법장 스님의 영결식에 바친 조사이다. 법장 스님이 생명나
눔실천회 회장으로 있을 당시 필자는 장기 기증 서약을 한 바 있다. 아름다운가게의 열렬한 지
원자이기도 했다. 스님은 보기 드물게 시민사회 인사들과 깊은 교분을 맺고 있었다. 이런 인연
으로 조사를 하게 되었다.

그러나 당신이 언제든지 오실 줄만은 알아요.
나는 당신을 기다리면서 날마다 날마다 낡아갑니다.
나는 나룻배 당신은 행인

만해 스님의 〈나룻배와 행인〉이라는 시입니다. 법장 스님은 2005 만해축전을 기념하면서 이 시를 이렇게 해석했습니다.

이 시에는 님을 위해 헌신하며 살아가려는 사랑의 마음, 남을 위해 보살행을 실천하려는 불교의 마음이 듬뿍 담겨 있습니다. 그래서 이 시는 언제 읽어도 우리의 마음을 아련하고 따뜻하게 해주는 듯 합니다. 우리는 긴 인생의 도정(途程)에서 수많은 사람과 사건과 만나면서 살아가야 합니다. 그때마다 우리는 내가 남을 위해 희생 하고 봉사하기보다, 나를 위해 남이 희생하고 봉사해주기를 바랍 니다. 내가 나룻배가 되어 남을 태우고 저 언덕으로 건너가려고 하 지 않고, 흙발로 나룻배에 올라타서 편안하게 강물을 건너려고 합 니다.—오늘 이 축제는 이런 야비함과 비겁함을 부끄러워하면서 우 리 스스로 나룻배가 되기를 다짐하는 자리가 되어야 할 것입니다.

어쩌면 스님은 바로 자신의 이야기를 하고 계셨는지 모르겠습니 다. 스스로 생명이 소진되어가는 사실도 모른 채 이 사바세계를 동 분서주하며 진리와 평화를 전하는 나룻배였던 것입니다. 당신의 마 음과 몸을 다 바쳐, 아니 생명이 다한 그 몸마저 다 바쳐 중생을 깨 우치고 저 세상으로 떠나가는 나룻배였습니다. 스님은 바로 중생을 안고 피안의 저 너머로 건너가는 나룻배였습니다.

스님은 이미 1994년에 생명나눔실천회를 설립하여 안구와 장기를 기증함으로써 생명을 나누는 운동을 시작하셨습니다. 그로부터 10년이 되던 해인 2004년에 스님의 간곡한 요청에 따라 저도 장기기증을 약속했습니다. 스님이 너무도 기뻐하시던 모습이 눈에 선합니다. 사람이 많은 것을 나누지만 생명을 나누는 일만큼 귀한 일은 없습니다. 스님은 바로 그 귀한 일을 시작하고 실천함으로써 우리에게 나누지 못할 것은 없다는 사실을 가르쳐주었습니다. 스님의 육신은 의과대학의 실험실에 제공되어 더 이상 수습될 사리조차 없게 되었지만 우리는 압니다. 스님의 온몸은 영롱한 수천 수만 개의 사리가 되어 우리에게 영원히 남아 있다는 사실을.

스님은 단지 깨끗한 선방에만 머무시지 않고 직접 그 계단을 내려와 중생과 함께 울고 웃으셨습니다. 총무원장이라는 종단의 최고 어른이 된 다음에도 시민단체 사람들을 여러 차례 불러 모아 담소도 하고 음식을 대접하시기도 했습니다. 때로는 시민운동의 현장에서, 후원회에서, 그 어디에서나 스님의 모습이 보였습니다. 제가 시작한 아름다운가게 간사들의 지방수련회에 일부러 오셔서 귀한 설법을 해주시기도 하셨습니다. 스님은 특정 종교지도자뿐 아니라 이미 시민사회의 한 지도자이셨고 우리 사회의 어른이셨습니다. 높은 자리에서 굽어보신 것이 아니라 단하로 내려와 대중과 함께한 분이셨습니다. 그 인자한 미소와 자비스런 자태 안에 스며 있는 스님의 생각과 행동의 끝을 우리는 알지 못합니다.

스님의 뒤를 따라 자신의 몸을 기증하는 '헌신'의 사례가 스님의 제자 가운데에서, 중생 가운데에서 이어지고 있습니다. 그 행렬은 긴 여운과 교훈을 남기고 이어질 것입니다. 누군가가 생명나눔실천회의 홈페이지에 이렇게 써놓았습니다. "스님 몸은 가셨어도 스님의 마음과 정신은 늘 우리 곁에 계십니다. 그래도 스님! 저는 스님이 그립습니다. 사무치도록 그립습니다."

상속과 유언 이야기[*]

변호사 일을 하다보면 상속재산에 관한 분쟁을 많이 맡게 된다. 유언에 관한 법률관계는 복잡할 뿐만 아니라 아직 우리사회는 유언하는 관행이 정착되지 않아 사후에 자식들 사이에 싸움이 많이 벌어지기 때문이다. 그래서 나는 언제나 주변 사람들에게 가능하면 재산을 남기지 않는 것이 자식들의 화목을 위해 좋을 뿐만 아니라 남기더라도 반드시 유언을 해둘 것을 권유하곤 한다. 그러나 죽음은 언제나 갑자기 찾아오는 것이고, 유언을 해두라는 권유는 예의에 맞지 않

[*] 고 임창순 선생을 추모하며 쓴 글이다. 선생은 한문학자로서 태동고전연구소를 열어 한문학을 가르치며 많은 후진을 양성했다. 4·19 당시 교수 신분으로 "학생들의 피에 보답하자"는 플래카드를 앞세우고 데모에 참여한 일화가 보여주듯 그는 실천적 학자의 길을 평생 걸었다. 그런 분이 이렇게 마무리까지도 깨끗하게 하고 가신 것이다.

는 것 같아 꺼리다보니 결국은 아무런 유언 없이 타계하게 되고, 재산의 분할을 둘러싸고 싸움이 벌어지게 되는 경우가 생기는 것이다.

평소 친하게 지내는 어른이 한분 계셨다. 이름만 대면 누구나 알 만한 출판경영인이자 민속자료수집가로 유명했던 이분은 평소 깐깐하고 치밀한 일처리 솜씨를 보이셨을 뿐만 아니라 사회정의와 공익에 관심을 보이셨기 때문에 당연히 재산을 공익적인 곳에 내놓으리라고 믿었다. 그러나 기대와는 달리 갑자기 발병하고 입원하면서 심약해지셨는지 가족을 유언집행인으로 임명해 재산과 민속자료가 모두 개인에게로 돌아갔다. 주변 사람들은 개인 수중으로 들어간 그 귀한 물건들이 유실될 것을 우려하기에 이르렀다.

또 내가 관여한 사건 가운데 이런 일이 있다. 제천 사람으로 영월, 정선 일대에 수백만 평을 소유한 이 분은 대학 설립이 꿈이었다. 나를 포함한 몇몇 사람들과 이 문제를 논의해 왔는데 이 분도 병이 들자 공익을 위해 재산을 내놓는 결단을 못하고 우물쭈물하던 사이 유언의 기회를 놓치고 사망하고 말았다. 결국 그 돈은 무남독녀인 딸에게로 돌아갔는데 들리는 이야기로는 그 딸이 친딸이 아니라고 했다. 후에 그 딸이 어떤 엉터리 교수와 대학 설립을 위해 이리저리 뛰어다니다 결국 큰 사기를 당했다는 소문이 들렸다. 안타까운 일이었다.

이러한 지식인들과는 달리 오히려 평범한 할머니들이 평생 어렵게 모은 돈을 공익적인 일에 쾌척하는 경우가 있어 메마른 세상에 미담이 되곤 한다. 특히 국밥장사를 하거나 콩나물장사를 하는 등 어렵고 가난한 사람들이라는 점에서 더욱 고개가 숙여진다. '돈은 벌기보다 쓰기가 더 어렵다'는 말이 있다. 버는 것도 힘들지만 그것을 보람 있게 쓴다는 것이 얼마나 어려운지 알려주는 경구이다. 그런 점에서 부자와 지식인들이 오히려 돈을 제대로 쓸 줄 모른다는 생각이 든다. 오늘날 재벌들이 세금도 안 내고 자식에게 상속시키려다가 온갖 창피를 당하는 경우를 보면서 그런 생각을 하게 된다.

임창순 선생님은 위에서 든 예에 비추어볼 때 참으로 예외적인 분이다. 우선 맑은 정신을 가지고 계실 때 자신의 재산을 깨끗이 정리하여 청명문화재단을 만드셨다. 유언을 할 필요도 없이 생전에 모든 것을 정리하신 것이다. 이것이 쉽지만은 않은 일이라는 것은 위에서 말한 그대로다. 두 번째 내가 놀란 것은 재단에 내놓은 돈의 액수를 보고서다. 평생을 학문에만 정진하셨으니 돈이 나올 때가 없으셨을 터인데 적지 않은 기금을 마련하여 재단에 출연하셨으니 결국 검소하게 사신 결과가 아니고 무엇이겠는가. 더구나 그 돈을 자식들이 아닌 재단에 몽땅 내놓으셨으니 큰 결단을 하신 것이다. 임선생뿐만 아니라 선생님의 뜻에 두말없이 따른 가족들도 훌륭하다고 하지 않을 수 없다. 또한 평소 가족들이 선생님 자신의 뜻을 이해하도록 만든 것 역시 보통 사람으로서는 할 수 없는 일이다.

나는 임창순 선생님을 가까이 뵐 기회가 별로 없었다. 10여 년 전 내가 관계하던 역사문제연구소 여름수련회가 선생님의 태동고전연구소에서 열려 이이화 선생님의 소개로 뵌 것이 처음이었다. 단아한 분이라는 느낌이 들었다. 내가 살아가는 분야와 마당이 워낙 선생님과는 달라 그후에는 뵐 기회가 없었다. 그러다가 청명문화재단 이사로 취임해 달라는 부탁을 받았다. 물론 다른 이사님들이 모두 학문적 권위나 사회적 명망을 가진 분들이어서 내가 과연 자격이 있는가 처음에는 망설이다가 선생님의 특별한 청을 거절할 수 없어 승낙하고 말았다.

학문연구와 별 관련이 없는 나를 왜 이사로 지목하셨을까 생각하면서 나는 그분의 과거와 평생을 떠올렸다. 선생님은 4·19의거를 성공으로 이끄는 데 결정적 기여를 했던 교수시위에 앞장섰고, 2공화국 시절 통일운동 때문에 국가보안법으로 옥고까지 치렀다는 이야기를 전에 들은 바 있었다. 평생 서재 밖으로는 눈길 한번 안 돌렸을 것 같은 선생님의 인상과는 딴판의 이야기였다. 하기야 우리의 현대사가 얼마나 얌전하고 멀쩡한 많은 사람들의 인생을 달라지게 만들었나를 생각하면 이상한 일만은 아니리라. 이 시대의 진정한 선비로서 선생님이 독재정권의 불의에 침묵할 수는 없었을 것이다.

그후 이사회에 여러 번 참여하면서 재단의 창립과정과 선생님의 출연내역 등에 대해 알 수 있었다. 그 모든 과정에서 보여주신 선생님의 자세는 10여 년 전 뵈었던 모습과 하나도 다를 바 없이 맑고 단아하셨다. 그런데 지난 5월 미국의 어느 재단 초청으로 미국 여행을 하고 돌아왔을 때 선생님이 돌아가셨다는 것을 알게 되었다. 그렇게 건강해 보이시던 분이 그토록 갑자기 돌아가시리라고는 상상도 하지 못했다. 홀연히 떠나 주변 사람들에게 아무런 폐를 끼치지 않으려 하였음일까? 곧바로 바쁜 일상으로 복귀하면서 선생님의 빈소도 제대로 들리지 못한데다 청명문화재단의 회의조차 자주 참석하지 못한 것이 못내 마음에 걸렸다.

요즘 많은 어른들이 젊은이들의 기대와 달리 안타까운 노년의 모습을 보여주는 것을 생각하면서, 그리고 아름다운 끝맺음을 보여주신 선생님을 생각하면서 어쭙잖게 내 마지막을 어떻게 해야 할지 생각하게 된다.

그가 지금 이 자리에 있었다면[*]

사람은 일생을 살아가는 동안 여러 사람들로부터 영향을 받게 마련이다. 가까이는 부모와 친구로부터 멀리는 책이나 영화로부터 영향을 받기도 한다. 때로는 그 영향이 지대하여 한 사람의 인생을 완전히 바꿔놓을 수도 있다. 아직 인생을 회고할 나이는 아니지만 그래도 곱씹어 생각하면 나도 많은 사람들로부터 사랑을 받고 그분들로부터 큰 영향을 받았다. 사랑은 받기보다 주는 것이 더 좋다지만 나는 아직 주기보다는 받은 편인 것 같다. 조영래 변호사님은 10여 년이나 후배였던 나를 사랑해주고 도움을 준, 잊을 수 없는 분이다.

1980년 사법연수원에서 인연을 맺기 시작하면서부터 1990년 돌

---

* 명석한 통찰력과 포용력으로 독재에 항거하며 민주주의사회와 좀 더 인간적인 사회를 위해 분투하다가 1991년 45세의 나이로 요절한 조영래 변호사를 추모하며 쓴 글이다.

아가실 때까지 10년 동안 그분의 곁에서 함께 활동했던 것은 차라리 큰 행복이었다. 그 기간은 조영래 변호사 자신으로서도 온몸을 바쳐 정열을 불태운 황금기였다. 시대가 영웅을 만든다더니 5공의 엄혹한 군사독재정권과 민주화의 이행기라는 시대 상황은 조영래를 전설적 인물로 만들었다. 어둡고 고통스런 나날이었지만 그것은 새벽이 오기 전의 짙은 어둠에 다름 아니었다. 그 속에서 그는 짧지만 굵고 진한 삶을 살았다. 나는 그의 곁에서 많은 것을 보고 배웠다. 많은 사람들이 그로 인해 절망의 세월 속에서 희망을 가질 수 있었다.

무엇보다도 그는 인간을 사랑하는 방법을 아는 사람이었다. 가난하고 억압받고 고통받는 사람들과 함께 산 짧은 일생이었다. 빗지 않은 머리, 아무렇게나 입에 문 담배, 누구와도 쉽게 속을 터놓는 대화는 모든 이들에게 친숙한 인상을 주었다. 서울대를 수석 입학했던 천재였지만 그는 아무에게도 거부감을 주지 않았다.

또한 그는 집중할 줄 아는 사람이었다. 부천서 성고문사건 1심 변론요지서는 내가 초안을 썼다. 그러면 그는 그것을 가지고 처음부터 다시 쓰기 시작하는데, 재판이 시작되기 전까지 초읽기에 몰리면서까지 써 내려갔다. 무서운 집중력이었다. 신문이나 잡지에 칼럼 하나를 쓸 때도 밤샘을 하기 일쑤였다. 글을 쓰고 난 다음날이면 재떨이에 담배꽁초가 수북이 쌓였다고 한다. 그리고 그는 암을 얻고 말았다.

더구나 그는 명쾌한 판단력과 실천력을 갖춘 사람이었다. 부천서 성고문 사실을 전해 듣자마자, 5공정권을 뒤흔들 사건이라고 판단하고 그 사건에 전력을 다했다. 6·29선언 후 대선에서 양김 분열은 필패일 수밖에 없음을 단언하고 단일화운동에 나섰다. 그러한 판단력 뒤에는 항상 진지하게 의문을 제기하고 연구하는 자세가 뒷받침되어 있었다.

마침내 서울대병원에 입원하여 폐암과 싸우고 있을 때 그는 나에게 말했다. 이제 변호사 그만두고 좀 더 넓은 세상을 보라고. 당시에는 한 귀로 흘려들었으나 그가 세상을 떠난 후 그 권고는 새삼 큰 목소리로 다가왔다. 그의 말대로 나는 영국에서 1년, 미국에서 1년을 지낸 다음 돌아왔다. 그리고 새로운 기분으로 시민운동을 시작했다. 바로 참여연대의 시작이었다. 참여연대 운동의 과정에서 조변호사님과 함께 하면서 배웠던 모든 것들이 큰 도움이 되었다.

조변호사님의 죽음은 많은 사람들에게 아쉬움을 남겼다. 좀 더 많은 일을 할 사람이라고 입을 모았다. 명쾌한 판단력과 돌파력을 너무나 아쉬워했다. 군사독재 시기에는 오히려 운동이 단순했다. 그러나 지금은 용기 이상을 필요로 한다. 사태는 훨씬 복잡하다. 더 깊은 지혜가 필요하다. 그럴 때마다 나는 묻는다. '조영래 선배가 살아 있다면 지금 어떻게 했을까' 라고.

미안함, 그리움,
그리고 아쉬움*

늘 가슴에 남는 분

백년을 사는 사람은 드물다. 이 땅에 태어났다가 누구나 이 땅을 떠난다. 이별은 정해진 이치이다. 한 시대를 같이 살다가 더러는 자신보다 앞서 떠나보내기도 한다. 한 시대를 동시에 살았다는 것은 얼마나 대단한 인연인가. 그러나 하루에도 여럿의 부고를 받기도 하지만 그 모두를 안타깝게 생각할 겨를조차 없을 때도 많다.

하지만 이별한 때는 물론이고 그후에도 늘 가슴에 담아두는 사람들이 있다. 부모나 형제, 친구가 그렇고, 아주 특별한 인연을 맺은

---

* 한국 현대사에서 불세출의 출판인, 언론인, 언어학자, 민속수집가였던 한창기 선생님을 보낸 지 10년을 기리며 쓴 글이다.

사람들이 그렇다. 그 중에 한창기 사장님이 있다. 그가 우리 곁을 떠난 지 벌써 헤아리기도 힘들 정도로 오랜 세월이 지났지만 그는 늘 내 마음 한가운데 떠나지 않은 채 남아 있다. 그리움과 아쉬움 때문이다.

한창기 사장님을 떠올릴 때는 늘 미안함이 앞선다. 무엇보다는 내가 그에게 준 것은 없고 늘 나에게 준 분이기 때문이다. 〈뿌리깊은나무〉의 법률고문이었던 나는 늘 중요한 미팅에 초청을 받았고 곁에서 그분의 사랑을 받았다. 매년 연말이나 연초 회사 전체 직원들이 모인 자리에 초청을 받았다. 그는 늘 사람에게 주는 것을 좋아했다. 재치 있는 말과 유머로 사람들에게 즐거움도 주었지만 물질적으로도 그랬다. 몇 사람을 데리고 백화점을 가서 셔츠나 물건을 사주시기도 했다. 물건이 중요한 것이 아니라 그의 주변에 있는 사람들에게 무엇인가 주고 싶은 마음을 읽을 수 있어 늘 미안한 마음이었다.

늘 받기만 하다

그에게서 얻은 것이 어찌 그런 사소한 물건뿐이겠는가. 그와 자주 만나던 시절에 나는 겨우 30대 중반의 청년이었다. 시대를 읽고 비평하던 그의 탁월한 멘트와 위트는 늘 나에게 세상을 새롭게 보는 눈을 키워주었다. 사실 그가 오히려 나보다 더 젊었다. 적어도 마음과 정신의 측면에서 보면 그는 늘 날카로웠고 정확했고 열정이 있었다. 나도 많은 사람을 접해 보았지만 한창기, 그분보다 더 세상을 잘 읽는 사람은 없었다고 단언할 수 있다. 그러한 지혜와 혜안이 바로 그 어둡던 시절 〈뿌리깊은나무〉〈샘이깊은물〉 같은 등대를 밝힐 수 있게 한 것이 아닐까.

나중에 안 사실이지만 적어도 그의 곁에서 함께 일했던 사람들은 모두 그 방면에서 전설이 되고 신화가 되었다. 사진의 강운구 선생이나 편집의 김형윤 선생, 윤구병 선생, 설호정 선생, 이가솜씨의 이상철 선생 등이 바로 그렇다. 그분들이 본래 탁월하기도 했겠지만 한창기 사장님 곁에서 배움으로써 그 탁월함이 더 빛나지 않았을까 싶다. 별은 본래 서로 마주보며 더욱 빛나는 존재이기 때문이다. 이분들과 친해지게 된 것도 나의 삶에서는 큰 행운이다. 내가 하는 일에 이분들이 이런 저런 시기에, 이런 저런 일을 도와주면서 큰 도움이 되었기 때문이다.

한창기 사장님께 배웠던 또 하나의 큰 힘은 작게 썰어서 분석하고 생각하는 일이었다. 한번은 내가 〈샘이깊은물〉 직원들에게 저작권법에 대해 강의를 한 적이 있었다. 한참 강의를 하고 난 뒤 그가 나에게 송곳 같은 질문들을 쏟아냈다. 법의 문장 하나하나를 꼬치꼬치 물어보는 것이었다. 법률가인 내가 답하기 어려운 것들뿐이었다. 그러고 보니 우리나라 법은 문장 자체가 문제였다. 나는 그때 일을 당하면서 어떻게 사물을 보아야 하는지, 어떻게 질문을 할 수 있는지를 배웠다.

남긴 유산을 제대로 간직하지 못한 죄

영원히 함께할 것 같은 그가 어느 날 병석에 앓아누웠다. 가끔 병문안을 가보았지만 낫기는커녕 점점 더 악화되어 갔다. 그러던 어느 날 한사장님은 나와 또 다른 두 분을 유언집행인으로 정하고 돌아가시고 말았다. 다른 두 분이란 곽소진 선생과 한사장님의 동생이다. 한사장님의 뜻이란 바로 한사장님이 이 세상에서 남긴 것을 잘 보존하고 발전시키는 일이었을 것이다. 무엇보다도 그가 이 세상에 귀하게 남긴 것은 그의 섬세하고 탁월한 눈과 감각으로 모은 각종 민속 문화재였다. 곽선생과 나는 이 문화재를 국립박물관에 기증하고 그 대신 한창기 사장님의 이름을 단 컬렉션, 또는 갤러리를 만들어달라고 했는데 국립박물관에서도 흔쾌히 그렇게 하겠노라고 했다. 그뿐 아니라 사실상 10억대의 돈을 따로 주겠다는 이야기까지 있었던 것으로 기억한다. 그러면 그 돈으로 '한창기 사장님 기념사업'을 하는 것이 좋겠다고 했다.

그런데 한사장님의 가족과 동생은 한사코 국립박물관에 보내는 것에 반대했다. 자신들이 직접 박물관을 세우고 기념사업을 하겠다는 것이었다. 주변에서는 이러한 가족들의 입장에 또 반대하는 분위기였다. 진통의 세월이었다. 가족들은 주변의 사람들까지 동원하여 강력하게 자신들의 입장을 폈다. 당시 한창기 사장님이 모아오셨던 문화재 목록을 만들어 문화부에 신청까지 한 상태였다. 가족들이 직접 기념사업을 하고 박물관을 만들고 재단을 설립하겠다고 나서고 실제 그렇게 진행하는 마당에 더 이상 우리가 반대하기가 힘들었다. 결국 일은 가족들이 원하는 방향으로 추진되고 말았다. 나는 그들이 제3자인 나보다 잘하리라고 기대하고 그렇게 믿었다.

문제는 그 이후였다. 재단은 만들어졌지만 박물관은 지금까지 서지 못했다. 오랜 기간 동안 한사장님과 좋은 분들의 정성과 재능으로 번성했던 〈샘이깊은물〉까지도 문을 닫았다. 가족들이 직접 경영하면서 좋은 사람들이 하나둘씩 떠나버렸기 때문이었다. 결국 한창기 사장님의 기념사업은커녕 그분이 남겼던 재산, 정신적 재산마저 사라져 버린 것이다. 유언집행인의 한 사람이었던 내가 늘 가슴에 죄송함을 가지고 살게 된 것은 이 때문이다. 그때 좀 더 강력하게 고집을 부려서 국립박물관행을 관철하고 따로 재단을 만들어 거기서 〈샘이깊은물〉을 출판했더라면 달라지지 않았을까 하는 아쉬움을 버릴 수가 없는 것이다. 한창기 사장님을 생각하면 이런 죄스러움과 아쉬움이 늘 가슴에 남는다. 그를 그리워하고 아쉬워하면서 저 세상에서 어떻게 그분을 뵐까 노심초사하게 된다.

우리 주변의 큰바위얼굴*

영산장터의 연설

중학교 2학년 무렵이었다. 경남 창녕군의 한 시골마을에서 왕복 30리는 족히 되는 영산 읍내의 영산중학교를 다니고 있을 때였다. 친구들과 함께 그해의 국회의원 선거를 위한 연설회를 보러 갔다. 좀 조숙하기도 했지만 무엇보다도 당시는 그런 연설회가 크게 인기가 있었다. 지독한 권위주의 정권하에서 국회의원 선거 연설회장은 가장 불꽃 튀는 논쟁의 장이요, 시골 주민들에게는 가장 큰 볼거리의 하나였다.

---

* 조성국 선생을 추모하며 쓴 글이다. 선생은 내가 태어난 경남 창녕군 영산에서 농업교사를 지냈고 농민운동을 벌이기도 했다. 쇠머리대기로 인간문화재가 되었다. 무엇보다도 열렬한 청년으로서의 삶을 산 농민이자 실천적 지식인이었다.

그런데 그날 운집한 주민들이 가장 자주, 가장 열렬히 박수를 보낸 연사가 있었다. 아주 오래 전의 일이지만 생생하게 기억이 난다. 위트와 통렬함으로 가득 찬 그의 연설이 한 문장, 한 문장 끝날 때마다 쏟아지던 우레 같은 박수를. 그는 당시 야당 후보를 지지하는 찬조연설을 하고 있었다. 그 연사가 조성국 선생이라는 사실을 나는 나중에 알게 되었다.

존경받는 어른

조성국 선생은 영산중학교에서 농업을 가르치는 교사로서, 영산 줄다리기의 인간문화재로서, 양파 종자 개량자로서 지역에서는 널리 알려져 있는 분이었다. 그러나 내가 시골에서 중학교를 다닐 때는 이미 선생이 학교를 은퇴한 상태였기 때문에 직접 가르침을 받을 기회는 없었다. 그리고 고등학교 때부터는 서울로 상경해서 다녔기 때문에 그 인상적인 정치연설 외에는 조성국 선생을 뵐 기회가 거의 없었다.

사실 조성국 선생은 여러 가지 측면에서 뛰어난 분이었다. 시골 구석에 살고 계셨지만 그의 재능은 다방면에 걸쳐 있었다. 농업기술의 개발과 개선, 전통문화의 보존과 계승, 시가문학에 대한 관심과 창작 등 아무도 그를 따르기 어려웠다. 뿐만 아니라 그는 단지 시골에 은거하고 있는 노인이 아니었다. 세상 돌아가는 이치를 파악하고 있었을 뿐만 아니라 행동가이며 실천가이기도 하셨다. 4 · 19 직후에는 교원노조운동에 참여하기도 했고, 70년대에는 가톨릭농민회 활동을 벌이기도 했다. 보기 드문 우리 시대의 실천적 지식인이었던 것이다.

그러다 보니 시골에서는 반골로 통해 경계의 대상이 되기도 했던 것 같다. 우리의 불행한 현대사에서 조성국 선생의 성정과 인식, 실천은 작은 농촌에서 인정받고 이해되고 존경받기 어려웠을지 모른다. 그런 점에서 조성국 선생은 오랜 세월 동안 지역의 주민들로부터 경원시되고 있었을 것이다.

큰바위얼굴

그러나 조성국이라는 큰 느티나무 아래에서 지역의 다양한 청년들과 인사들이 모이고 있었음은 당연했다. 그가 가진 큰 인격과 덕은 내 고향 창녕을 넘어서 빛을 발하기 시작했다. 언젠가부터 이화여대를 비롯한 서울의 여러 대학에서 그가 보존하고 발전시켜 온 '영산 줄다리기'가 보급되었다. 권위주의 시대에 대학가에서 이 영산줄다리기는 민중의 힘을 결집시키는 수단이었을 뿐만 아니라 대동세상을 제대로 구현하는 놀이였다. 그는 젊은이들의 기상을 키우는 데 신명이 나 있었다.

언젠가부터 조성국 선생은 민족예술인총연합 공동의장의 한 분이 되어 계셨다. 서울에서 하도 바쁘게 지내다 보니 1년에 겨우 한두 번씩 고향 내려갈 때나 찾아뵙던 나로서는 어떻게 그런 귀한 직책을 맡게 되셨는지도 몰랐다. 그러나 조선생의 인격과 기품이 널리 널리 퍼져나가고 있음을 실감하고 더할 나위 없이 기뻐했다. 언젠가부터 우리 고장의 '큰바위얼굴'에서 우리 사회 전체의 '큰바위얼굴'이 되신 것이다.

1980년대 무렵 조성국 선생은 지역의 여러 어른들을 모아 '원정계'(圓情契)를 조직하셨다. 지금은 돌아가셨지만 내 선친도 함께 하셨다. 지역의 어른들이 모여 정을 나누고 지역 공동체를 발전시켜 보자는 결의를 다진 것이었다. 원정계의 출범과 행사에 참석하기 위해 몇 차례 고향을 방문하기도 했는데, 언제나 잠깐 댁으로 찾아가 한두 시간 말씀을 듣고 바로 올라오곤 했다. 항상 농투성이 차림으로 나를 반갑게 맞아주시면서 안부를 묻곤 하시던 선생님께서는 늘 이렇게 우리 주변에 계셔 주실 것이라고 믿었다. 그런데 나중에 우리의 곁을 떠나셨다는 소식을 듣고 평소 왜 좀 더 자주 찾아뵙고 좋은 말씀을 듣지 못했는가 하는 아쉬움과 죄송함을 떨쳐낼 수 없었다. 선생님은 가셨지만 그분이 남긴 뜻과 정은 아마도 우리들 마음 속에 영원히 남아 있을 것이다.

'우울한 한국'
─현재 진행형*

고 최종길 교수께서 가신 지 어느덧 4반 세기가 지났습니다. 그동
안 우리는 그를 추모하는 자리도 변변히 마련하지 못하고 오늘에
이르렀습니다. 이제 비로소 그 짐을 조금이라도 덜고 그의 인품과
그의 학덕과 그의 공덕을 돌이켜보고자 우리는 그가 배우고 가르
치던 서울대학교 법과대학 교정에서 제25주기를 앞두고 추모식을
거행합니다.

서울대학교 법과대학 최종길 교수의 25주기 추모식 행사 안내문
은 이렇게 시작된다. 1998년 10월 17일 서울대 근대법학교육백주년

---

* 최종길 교수는 서울법대 교수로 재직하던 시절 갑자기 중앙정보부에 연행되어 고문치사 당하
였다. 최근에 와서야 국가의 잘못이 밝혀져 배상을 받았다. 〈창작과 비평〉에 기고한 글이다.

기념관에서 열린 최교수에 대한 추모식은 시종 무거운 분위기 속에서 진행되었다. 살아남은 자의 '짐'의 무게가 무겁게 느껴지는 시간이었다. 산천초목이 떨던 저 엄혹한 유신시절, 동료교수들과 제자들의 사랑과 여망을 한몸에 받고 있던 그가 졸지에 중앙정보부에 소환되었다가 싸늘한 주검이 되어 돌아온 것은 차라리 있을 수 있는 일이었다. 그러나 그를 고문 살해하고 간첩으로 조작한 저 파렴치한 야수들의 책임을 추궁할 공소시효마저 흘려보내고, 4반세기가 지나도록 그를 추모하는 자리 하나 '변변히' 열지 못한 것은 변명하기 어려운 일이었다. 그 자리에 모인 기라성 같은 서울법대 교수와 졸업생들은 그동안 어디에서 무엇을 하였던가?

법과대학 초년생이 법학개론을 펼쳐들며 처음 듣는 소리는 바로 "하늘이 무너져도 정의는 세워라." 하는 법언(法諺)이다. 이 말 한 마디에 심장이 뛰어보지 않은 법과대학생은 없을 것이다. 1972년 유신과 비상사태가 선포된 이후 서울법대생들은 유신철폐운동의 선봉에 나선다. 그러나 이들은 곧장 강의실까지 쳐들어온 경찰들에 의해 구타 연행당했다. 제자들의 의기(義氣)와 그들에 대한 탄압을 목격한 최교수는 그 직후 열린 교수회의에서 학생들에게 정의를 행하도록 가르치고, 이를 행하는 학생들을 외면함은 스승의 직분을 유기하는 것이므로 총장이 문교부장관에게 이들의 구금에 대해 항의해야 한다고 주장했다. 정치권력이 30대 초반의 정의감 넘치는 최교수의 이러한 발언을 얼마 뒤 그의 죽음으로 앙갚음하리라고는 누구도 상상하지 못했다.

그의 죽음 직후 천주교정의구현사제단은 추도미사에서 전기고문에 의한 타살임이 분명하다고 주장했다. 그후에도 역사적 고비마다 그의 죽음에 대한 진상규명 요구가 있었으나 거대한 반역의 물줄기에 묻혀 제대로 세상 밖으로 드러나지 못했다. 특히 1988년이 되면서 6·29 이후의 민주화 분위기 속에서 천주교정의구현사제단이 고문자들을 상대로 검찰에 고발까지 했으나 속절없이 지나가는 15년의 공소시효 만료의 발길을 잡아채지 못한 채 사건의 실체적 진실은 역사의 미궁 속으로 사라지고 말았다.

그러는 동안 이 사회에서 서울법대생들은 육법당(陸法黨)이라는 말이 생길 정도로 승승장구했다. 육사 출신 군인들과 더불어 서울법대 출신은 역대 군사독재정권의 기둥이었다. 이들은 독재의 입이 되고 손발이 되었다. 이미 법과대학에서 배운 법학은 정의와 국민의 권리를 위한 방패가 아니라 독재자를 위한 기술과 변설로 변했다. 법의 이름과 재판이라는 절차로 무고한 국민들이 처형당하고 억압당했다. "검사라는 이름의 작자들은/ 권력의 담을 지켜주는 셰퍼드가 되어 으르렁대고 있다/ 학살에 반대하여 들고 일어선 시민들을 향해/ 판사라는 이름의 작자들은/ 학살의 만행을 정당화시키는 꼭두각시가 되어/ 유죄판결을 내리고 있다/ 불의에 항거하여 정의의 주먹을 치켜든 시민을 향해"(김남주의 〈학살 3〉 중에서)

이 치욕적인 몰골, 일그러진 자화상은 결코 최종길 교수가 죽음으로 지키고 이끌어내고자 했던 법률가의 정의와는 거리가 먼 것이었다.

서울법대 교수 최종길의 죽음이 이토록 어둠 속에 묻혀 있을진대 나머지 독재의 골짜기에서 의문의 죽음을 당한 숱한 사람들의 진상

이야 더 말할 나위가 없다. 그 억울한 사람들의 사연을 한꺼번에 만날 수 있는 곳이 있다. 동대문 전철역에서 내려 창신동 쪽으로 한참을 걸어 들어가 만나게 되는 허름한 가옥 한 채. 그 집 앞 문패에 걸린 전국민족민주유가족협의회. 그곳에 가면 40여 장의 빛바랜 사진이 확대되어 벽면에 걸려 있다. 아직도 사인조차 제대로 밝혀지지 않아 부모들의 가슴속 한을 풀어주지 못하고 있는 의문사의 주인공들이다. 135일 동안의 기독교회관 농성, 특별법제정을 위한 10만명 서명과 국회제출, 국민고충처리위 청원 등 쉴 새 없는 진상규명 요구에도 감감무소식이다.

역사를 거슬러 올라가면 한국의 현대사는 억울한 죽음들의 '판도라 상자'이다. 여순사건, 제주 4·3사건, 거창양민학살사건, 노근리 학살사건, 금정굴사건…. 지난 반세기 이 땅의 역사의 문을 여는 순간 그 속에는 도대체 이름조차 다 열거할 수 없을 정도로 수없이 많은 학살사건들로 빼곡이 들어차 있다. 이들 사건의 희생자 유족들도 기나긴 권위주의 정부 아래서 말 한마디 꺼내지 못한 채 가슴만 숯덩이로 변했을 뿐이다. 지난 10년간 민주주의가 발전해 왔는데도 이들의 하소연은 그저 메아리 없는 한탄과 한숨으로 돌아왔을 뿐이다. 사건의 진상을 파헤칠 모든 수단은 이미 이들의 손에 없다. 공소시효는 지났고, 재심절차는 꽉 막혀 있으며, 소멸시효도 날아가 버렸다. 미처 사그라지지 않은 분노와 꺼질 줄 모르는 슬픔을 달래줄 특효약은 아무것도 없는 셈이다.

새로운 정부가 섰다. '50년만의 민주적 정권교체'라고 하고 '국민의 정부'라고도 한다. 무엇이 크게 바뀔 것 같은 기분이 들다가도 곰

곰이 생각하면 어떠한 변화를 찾아보기가 어렵다. 대통령이 전국민
족민주유가족협의회 간부들을 만나 특별대책을 고려해 보겠다는 약
속을 했다는 보도가 있었다. 대통령이 이들을 만났다는 사실, 그런
약속을 했다는 사실은 분명 예전에는 미처 보기 어려운 장면이었다.
그러나 무엇이 언제 달라져 이들의 한을 조금이라도 풀지는 알 수
없는 노릇이다. 유족들의 가슴은 그동안 수없이 속고 속아서 웬만한
약속에 꿈쩍하지도 않는다.

  이렇게 과거의 인권침해 진상규명과 피해회복에 한 발자국의 진
전도 없는 상태에서 다시 안기부의 고문논쟁이 재연되고 있다. 도청
에 다름 아닌 '감청'이 다시 쟁점이 되고 있다. 최종길 교수가 죽은
다음해인 1974년, 그의 친구였던 미국의 하버드대 코헨 교수는 〈워
싱턴 포스트〉에 '우울한 한국'이라는 글을 기고하여 최교수를 애도
하고, 한국의 우울한 정치현실을 꼬집었다. 25년이 지난 지금 '우울
한 한국'은 현재 진행형이다.(1999)

한 무명 노동운동가의
짧고 굵은 삶에서 배우는 것*

─강철도 산화된다. 사람이 강철보다 강한 것은 스스로 산화를 막
을 수 있다는 것이다. 또한 무에서 유를 창조할 수 있다는 것이다.
많은 동지를 획득하는 것이 최대의 재산이고 역량이다.

─작은 일은 시시해서 못하고 큰일은 커서 못한다. 작은 일부터, 작
은 일도 열심히, 천릿길도 한걸음부터지.

─운동은 신체, 정신의 건강함으로부터 출발한다. 어느 것이든 자
신의 노력과 의식에 결부된 결과이다. 오늘따라 속이 너무 아프다.

---

* 우연히 보게 된 최명아라는 젊은 여성 노동자의 추도 문집 《사라지는 것은 없다》를 읽고 쓴 글
  이다. 평생 현장에서 노동운동을 하던 독신의 최명아 씨는 1998년 2월 서른다섯 살의 젊은 나
  이에 사망했다. 우리의 비극적인 현대사는 이런 열정적이고 헌신적인 젊은이들이 몸과 마음을
  바쳐 이룩한 영웅담으로 가득하다.

내가 다 자초한 결과이다. 무절제에서 귀결된, 알고 못하는 건 더 죄악이다.

스스로를 단련하면서 적어 내려간 일기의 편린들. 이 글들을 읽으면서 나는 마치 프랑스 노동운동에 한몸을 바친, 요절한 시몬느 베이유의 전기를 읽는 착각을 느꼈다. 비록 공간과 시간은 다르지만 더 인간적인 사회를 위해, 좀 더 구체적으로는 노동의 인간화를 위해 헌신한 삶의 경로와 내용이 너무 유사하다. 그의 일기에 촘촘히 박혀 있는 생각들이 자신을 자학하듯 단련하고 경계하고 있다. 그리하여 마침내 자신의 건강을 해쳐 짧은 인생을 마감한다.

이 책의 주인공 고 최명아 마리아는 1998년 2월 26일 세상을 떠났다. 그는 서른다섯 짧은 삶을 조국과 이웃에 대한 사랑으로 불태웠다. 일하는 사람들이 인간답게 사는 세상을 만드는 데 뜻을 두고 동분서주 노동운동에 몸과 마음을 바치다가 민주노총의 조직부장으로 일하던 1998년 2월 11일 과로로 쓰러져 가족과 동지들의 애타는 바람을 뒤로하고 보름 만에 세상을 등지니 그를 잃은 사람들의 안타까움과 그 착하고 의로운 삶을 기릴 것이 없어 이 책을 펴낸다.

바로 이런 동기에서 출간된 이 책에는 그녀 자신이 써 온 일기와 주변 사람들이 그녀를 떠나보내고 슬픔에 겨워 쓴 추도문과 회고의 글들이 담겨 있다. 어느 나른한 오후, 나는 어떻게 내 서고에 꽂히게 되었는지조차 기억에 없는 이 책을 집어들었고, 끝까지 놓을 수가 없었다. 어떤 소설도 한 인간의 불꽃 같은 삶의 역정을 묘사해 낼 수는 없는 법이다. 어쩌면 한정본으로 출판되었을 수도, 아니면 이미 절판되어 어느 서점에서도 구해볼 수 없을지 모른다. 이 책의 주인공 최명아 역시 노동운동의 빛나는 지도자도 아니었고, 이미 2~3년이 지난 지금 주변의 가족과 동지를 제외하고는 기억할 사람도 별로 없을지도 모른다.

그러나 그녀의 헌신성과 열정을 잊지 못하는 지인들의 글이 그녀를 망각에서 살려내고 있다. 조카가 〈사랑하는 고모에게〉라는 제목으로 쓴 글은 눈물을 훔치게 만들었다. 〈명아, 난 널 보내지 않았다〉고 오열한 큰오빠 최명호의 글. 시를 써 본 적이 없다는, 그러나 최명아의 삶을 우러러 스스로 〈참회〉라는 시를 쓴 부산지역 노동자 이창우의 시…. 이 모든 글들에서 그녀의 삶과 영혼은 되살아난다.

최명아는 1963년 충북 음성에서 교사인 아버지의 외동딸로 태어나 서울로 올라와 이화여대에 입학하고 학생운동을 하다가 현장노동자로 취업한다. 그후 노조 결성을 시도하다가 파업을 벌이고 결국 해고되고 구속되었으며, 이어 해고자복직투쟁과 인천지역해고노동자협의회와 민주노총의 노동운동가로 활동했다. 물론 그녀의 삶은 어쩌면 당시 지식인 청년의 활동의 전형이라고 할 수도 있다. 하지만 그녀의 일기에 녹아 있는 삶과 사회에 대한 헌신과 열정은 그 모든 것을 뛰어넘어 지금 우리의 삶을 되돌아보게 만든다. 가녀린 한 여성운동가의 삶이 그녀의 동료가 추모하고 있듯 살아 있는 많은 사람들에게 눈물과 용기를 함께 남겨주고 있다.

죽음은 무엇을 남기는가/ 꽃은 피고 지고 더 많은 꽃으로/ 슬픔이 다하면 기쁨으로 오는가/ 아픔도 다하면 새 살이 돋는가/ 그대 누운 자리 더 많은 꽃이 피는가/ 그럴 줄 몰랐네/ 도시 같은 우리 안에 그대를 사랑하는/ 눈물이 이토록 남아 있을 줄은/ 나는 정말 몰랐네

박운주 선생님 영전에*

우리 모두가 아끼고 사랑하던

아니 우리 모두를 아끼고 사랑하던 박운주 선생님이 우리 곁을 떠났습니다.

저렇게 천진하게 웃으며 우리를 위안하던 박운주 선생님은 다시는 돌아오지 못할 길을 영영 떠났습니다.

돌이켜 보면 참으로 험난한 가시밭길의 삶이었습니다.

---

* 박운주 선생은 80년대 후반 독재에 항의하면서 자살한 박선영 열사의 아버지이다. 딸의 삶을 대신 살아가려는 듯 전교조 교사운동에 참여하고, 퇴직 후 유가협 활동, 귀향 후 골프장 반대 운동을 이어가며 노년을 불사른 선생을 추모하며 2008년 4월 26일 서울대 병원 영안실에서 거행된 영결식에서 낭독한 것이다.

사랑하는 따님을 역사의 격랑 속에 잃었습니다.

독재에 항거하여 스스로 목숨을 끊은 박선영 열사가 바로 그이의 딸입니다.

우리가 애써 열사라는 이름을 붙여 위로하였지만 그 어떤 칭호라도 그 가슴에 난 바람구멍을 메울 수는 없었습니다.

그러나 우리의 박운주 선생님은 의연히 자식을 잃은 슬픔을 딛고 다시 섰습니다.

박선영 열사 기념관을 고향 향리에 만들고 지켰습니다.

박선영 열사와 함께 했던 젊은이들을 격려했습니다.

그럼으로써 그는 우리 시대 모든 젊은이들의 아버지가 되었습니다.

젊은 청춘을 불살라 목숨을 버렸던 따님의 나머지 삶을 대신 살리라면서 전교조 교사운동, 한겨레신문 창간지지 운동, 민주유가족운동 등 백발의 나이에 스스로 민주주의와 인간화를 향한 활동가가 되었습니다.

어느 날 그는 지리산 아래 사포마을에 자리를 잡았습니다.

그에게는 안식의 기회가 없었습니다.

다가오는 개발의 밀물 속에서 이 아름다운 산골마을에 어느 날 난데 없는 골프장 건설이 시작되었습니다.

재작년 소의제를 방문하여 하룻밤을 묵으며 많은 동네사람들을 만났을 때 박운주 선생님은 참으로 위대한 풀뿌리 운동가임을 확인할 수 있었습니다.

자본은 끊임없이 마을 주민들을 괴롭히고 분열시키려 하였지만 박운주 선생님의 부드러우면서도 강한 리더십 아래에서 하나가 될 수 있었던 것입니다.

아름다운재단이 민들레 홀씨상을 드린 것은 바로 이 때문입니다.

그때 그 마을을 방문하고 제가 썼던 기행문의 일부입니다.

일흔이 넘은 박운주 선생은 뱀 같은 지혜, 바다 같은 포용력, 거북이 같은 집요함으로 이 마을의 반대투쟁을 이끌었다. 늘 궂은일은 혼자 다하며 다른 사람을 하늘처럼 여겼다. 한 명이라도 이탈할 법하건만 이 마을의 반대운동에는 아무도 그러지 않았다. 무엇보다도 사포마을 사람들의 무너지지 않는 결의가 이 운동을 이끌어왔다. 그후 군수의 횡포를 참다못한 군민들이 구례참여연대를 발족시켰는데 이때 동네의 한 한학자는 "정의는 태산을 움직이고 진실은 철벽을 뚫는다"고 글을 써 주었다. 이 말은 바로 박운주 선생님의 생각과 실천의 철학과 원칙을 그대로 드러낸 글이기도 했다.

이제 그이가 잠깐 우리 곁에 있다가 떠납니다.

이제야 우리는 참으로 아름답고 위대한 한 인간, 위대한 영혼이 잠깐 우리 곁에 있다가 떠난 것을 깨닫습니다.

참으로 아쉽고 안타깝고 슬픕니다.

그러나 그가 뿌려준 그 삶의 향기와 성취로 말미암아 우리는 더

이상 슬퍼할 수 없습니다

민들레 홀씨처럼 온 세상에 그의 삶과 그 삶이 지향한 가치와 뜻
이 퍼지도록 해야 합니다.

박운주 선생님, 이 땅의 힘들었던 고난의 세월과 거친 투쟁을 뒤
로 하고 평화와 안식을 누리소서.

지혜양 선생님,
안녕히 가십시오*

그 누군가와 이별하는 것은 슬픈 일입니다.

그러나 오늘 우리 모두가 특별히 좋아한 지혜양 선생님과 이별하는 것은,

이렇게 아주 이별하는 것은 더욱 슬픈 일입니다.

사실 우리가 지혜양 선생님을 사랑한 것이 아니라 지혜양 선생님이 우리를 사랑해 주었다고 해야 옳은 말입니다.

어느 날 우연히 그가 우리 앞에 나타났습니다.

---

* 고 지혜양 선생 영결식에서 낭독한 글이다. 지선생은 외교부 고위 외교관으로서 평생을 해외와 외교 일선에서 보낸 분이다. 아름다운재단과 새사람교회에서 좋은 일을 하다가 갑자기 발병하여 아직은 더 활발하게 활동해야 하는 나이에 세상을 떠났다.

아름다운재단 행사에 참석한 지혜양 선생님.

아름다운재단에 스스로 걸어왔습니다. 아름다운재단이 세상에서
참 중요한 기관이라고, 그래서 돕고 싶노라고 말씀하셨습니다.

그 이후 우리 간사들에게, 저희들에게 많은 조언을 주셨고, 시간
을 내 주셨고, 경험과 지혜를 나누어 주셨습니다.

우리는 그때 그가 하늘에서 나타난 천사 같다고 생각했습니다.

지난 12월 우리가 자주 이용하던 식당 달개비의 화재로 '아픔나눔
함께 모임'을 열었을 때도 그가 함께 있었습니다.

그때 모인 후원금 1천만원을 의미있게 쓸 곳을 알아보기 위해 함

재연 사장님, 김상기 목사님, 김우식 장로님 등과 함께 모여 이주노동자, 새터민, 국제결혼이주자를 지원하는 '다문화 미래사회 재단' 설립 구상까지 함께했습니다.

이때는 이미 나쁜 병마가 그이의 몸과 뼈속 깊이 퍼져나갈 때였습니다.

그 병마조차도 그의 나눔과 사랑의 열정을 막지는 못했습니다.

그는 이렇게 인생의 마지막 순간들을 자신의 몸을 돌보기보다는 많은 사람들의 행복과 좀 더 나은 사회를 위해 바쳤습니다. 이미 젊은 시절 한 나라의 외교관이 되어 머나먼 타국에서 세월을 보내면서 젊음을 바쳤습니다. 좋은 임지보다는 남들이 가기 싫어하는 오지들만 다녔던 것도 그가 결코 명리를 탐하지 않은 훌륭한 공무원이었기 때문에 가능한 일이었습니다.

아직도 그가 자신의 열정과 사랑과 삶을 바쳐야 할 일과 사람은 많이 남아 있는데 이제 그는 없습니다. 비록 오늘 우리는 슬픈 마음으로 그를 보내지만 그는 참 행복한 삶을 살았습니다. 참 아름다운 삶을 살았습니다. 지혜양 선생님, 당신이 못다한 일, 좀 더 나은 세상을 위해 분투했던 일은 이제 우리가 이어가렵니다. 이제 부디 평안하시고 안식하십시오.

4

공존의 열쇠를 찾아라

동네도서관에서 피서를

　　1993년쯤일까. 미국 유학중이던 당시 보스턴의 지역신문에 났던 이야기이다. 우리나라로 치자면 노숙자(홈리스)였던 사람인데 이 사람이 동네도서관을 들락날락하다 보니 냄새도 나고 허름한 차림 때문에 도서관 이용자들이 눈살을 찌푸리게 되어 쫓겨나게 되었단다. 그러자 그 지역의 노숙자들과 이들을 위한 인권단체들이 들고 일어나서 논쟁과 시비가 벌어졌고, 결국 그 사람은 큰 보상을 받아 팔자를 고쳤다는 뉴스였다. 노숙자로서는 겨울에는 따뜻하게 난방이 되고, 여름에는 시원한 에어컨이 있는 동네도서관만큼 좋은 숙소가 없었을 것이다. 그런데 차별대우 때문에 거액의 보상금을 챙겼으니 대복이 터진 셈이다.

　　무더위에는 이런저런 피서법들이 생겨난다. 여유가 있는 사람은 바캉스를 떠나지만 그럴 형편이 못 되는 사람은 '방콕' 할 수밖에 없다. 요령 있는 사람은 인근의 은행이나 백화점에 가서 책을 읽거나 쉬는 방법을 찾는다. 그런데 생각해보니, 우리도 이왕이면 은행이나 백화점이 아니라 동네도서관으로 가는 게 좋을 것 같다. 독서삼매경에도 빠지고, 피서도 하고, 꿩 먹고 알 먹기 피서법이 될 수 있지 않을까.

하지만 불행히도 우리에게는 동네도서관이 없다. 지역에 있는 한두 개 공공도서관에는 입시공부하는 중고등학생들이 자리 잡으려고 새벽부터 진을 친다. 자리를 잡지 못한 학생들은 독서실로 몰려간다. 말이 독서실이지 입시공부하는 학생들로 붐비는 곳이다. 심지어 책을 차에 싣고 돌아다니는 이동도서실을 운영하고 있다. 아파트 안까지 찾아와 책대본소 역할을 한다.

미국의 공공도서관 체제는 그런 점에서 부럽기만 하다. 동네마다 공공도서관이 있어서 누구나 쉽게 찾아갈 수 있다. 자기 집에 책을 쌓아놓을 필요가 없다. 미국 유학 시절에 책방에 들러 여러 권을 사는 나에게 책방 주인이 책장사 하느냐고 물었다. 그렇다고 대답해 디스카운트가 없다는 그 나라에서 할인을 받기도 했지만, 미국사람들이 비싼 자기 돈 주고 책을 살 필요가 없는 이유를 그제야 알았다. 그러나 이러한 공공도서관 체제가 생겨난 데에는 많은 사람들의 노고가 있다. 의회도서관은 아담스빌딩, 제퍼슨빌딩 등으로 나뉘어 있다. 식민지 초기 시대에 대통령이었던 이들이 의회도서관의 설립에 큰 관심을 기울였기 때문이다. 아담스 대통령은 심지어 사서를 직접 임명하기조차 했다. 이들의 관심과 후원에 따라 지금의 미국 의회도서관은 세계 최고의 도서관으로 발전했다.

그러나 무엇보다도 공공도서관이 자리를 잡게 된 것은 철강왕 카네기의 공헌이다. 카네기는 미국 전역 1,412개 지역에 1,679개의 공공도서관 건물을 마련하기 위한 큰돈을 내놓았다. 평소 종업원에게 주는 월급까지도 인색했다는 그는 바로 이 일 때문에 자선왕이라는 별명까지 얻었다. 이 무더운 계절, 공공도서관에 무관심한 우리의 대통령, 자기 자식에게 물려주기 위해 안달하는 우리 나라 재벌과 견주는 일은 참으로 짜증나는 일이 아닐 수 없다. '동네도서관에서 시원한 여름을.' 차기 대통령이 이런 공약을 내걸었으면 좋겠다.

광부들과 함께 한 아름다운 화가[*]

1970년대, 그리고 80년대까지 칠흑 같은 어둠의 시대가 계속되었다. 수많은 사람들이 좌절하고 방황했다. 많은 학생과 지식인들이 군사독재와 군사독재가 드리운 회색의 사회분위기에서 고민하고 논쟁하고 있었다. 그러나 고민과 논쟁마저 회색이었다. 뿌리 없는 논의였고, 대안 없는 토론이었다.

그 가운데 현장을 택한 한 화가가 있었다. 노동현장을 향한 발길이 활발하기 전의 일이다. 러시아 지식인들의 브나로드 운동이 농촌으로 내려가 농민들을 계몽하는 것이었다면, 이 화가가 취한 것은

[*] 탄광 지역의 화가로 널리 알려진 황재영 화백이 2007년 12월 7일 서울 가나아트에서 오랜만에 전시회를 열었다. 전시회를 축하하기 위해 쓴 글이다.

지금은 광부들이 모두 떠난 강원도 태백 지역의 한 탄광 입구.

누가 누구를 일방적으로 계몽하고 교육하는 것이 아니라 오히려 그
들과 하나가 되는 길이었다. 그의 현장은 강원도 태백지역의 탄광이
었다. 광부가 된 것이다. 그 사람이 바로 화가 황재형이다.

한때 흥청거렸던 강원도 정선의 사북과 고한, 태백의 황지 등에는
'막장' 인생들이 득실거렸다. 깊고 긴 탄광 속에서의 어렵고 힘든 작
업조건, 가끔씩 터지는 사고의 불안, 오랜 광부생활의 끝을 기다리
고 있는 진폐증, 그 불안과 고통을 달래기 위해 술에 의지하는 취한
삶ー 이런 것들이 이 탄광도시의 풍속도였다. 이 모든 것을 날카롭게
그림으로 그려낸 것이 바로 황재형의 탄광, 광부 그림이었다. 황재

형을 '광부 화가'라고 이름 붙였던 것은 바로 이러한 이유 때문이다.

사람들이 그의 그림과 그의 삶 자체를 사랑하는 이유는 많은 사람이 지적하듯 관찰자의 그림이 아니라 그 삶을 체험하고 일체가 된 자의 그림이었기 때문이다. 잘나가던 화가가 택한 현장이 바로 가장 버림 받고 고난 받던 지역과 사람이었던 것이다. 마치 진흙 속에서 아름다운 연꽃을 피워내듯 가장 험하고 힘겨운 현장에서 살아가는 사람들의 영혼들을 형상화했던 것이다.

이제 그 시대는 갔다. 탄광은 문을 닫았고 광부들은 흩어졌다. 을씨년스러운 모습으로 남아 있을 뿐이다. 그 대신 카지노와 호화로운 호텔들이 들어서기 시작했다. 또 다른 흥청거림과 객기가 이 고산도시를 취하게 하고 있다. 완전히 다른 모습으로, 그러나 같은 양상으로, 새로운 시대의 질병과 '막장' 인생들이 이곳에 몰려들고 있다. 시대의 고뇌를 안고 있는 '현장'으로서 그가 눌러앉아 살았던 태백과 광산지역은 변함이 없어 보인다.

1991년 이후 처음 전시회를 가진 화가 황재형이 어떤 모습으로 우리에게 다가설지 궁금하고 기대된다. 지난 1980년대를 가장 핍진하게 살았던 그가 1990년대와 2000년대를 그냥 흘려보냈을 리가 없다. '광부 화가'를 넘어 2007년 오늘 그는 어떤 삶과 고뇌, 아니 희망을 우리에게 전해줄 것인가. 눈으로 직접 확인해볼 일이다.

바보야! 사회적 기업이 해답이야

세계를 휩쓰는 소리 없는 혁명, 사회적 기업

오늘날 사회적 기업은 유행어가 되다시피했다. 사회적 기업은 전세계를 휩쓰는 열병과도 같고, 소리 없이 일어나는 혁명에 다름 아니다. 지금 이 순간에 구글에 검색어로 '사회적 기업'을 쳐보면 4,500만 개의 기사가 뜬다. 이것이 어찌 열병과 혁명이 아니겠는가.

사회적 기업의 최고 선진국으로 알려진 영국의 경우 사회적 기업의 산출액을 전체 GDP의 20%까지 목표로 삼을 정도로 급팽창중이다. 중앙정부 차원에서는 제3섹터 부서를 설치하고, 민간의 사회적 기업 창업과 성장을 지원하고 있다.

사회적 기업은 이렇게 우리 사회의 희망으로 떠오르고 있다. 사회적 기업은 참으로 독특한 개념의 조합이다. 기업은 기업이되 일반

기업처럼 이윤만 추구하지 않는다. 그러면서도 기업처럼 수익과 효율성을 추구한다. 한마디로 말하면 사회적 기업은 공공의 이익이나 사회적 목적을 기업이라는 형식을 통해 추구하고 달성하려는 것이다. 그리하여 사회적 기업은 일반기업과는 달리 이윤 극대화를 목적으로 하기보다는 사회적 목적 실현을 위해 이윤의 대부분을 재투자한다. 일자리 마련이나 사회통합, 사회서비스 제공, 지역경제 지원 등의 사회적 역할을 수행한다. 이러한 사회적 기업이 많을수록 선진국이라고 할 수 있다. 주요 선진국의 경우, 지역사회와 애환을 함께하며 더불어 사는 공동체 구현의 중심축 역할을 담당하는 기업들을 쉽게 찾아볼 수 있다.

도쿄의 스완카페, 암스테르담의 쿠이치

일본 도쿄에는 아주 특별한 빵가게와 카페가 있다. 백조를 상징하는 스완 베이커리와 스완카페. 카페에서는 차와 간단한 식사를, 빵가게에서는 빵을 주로 팔고 있다. 그런데 이 카페와 빵가게 모두 장애인이 운영한다. 장애인들을 고용하고 장애인 스스로 운영하는 대안적 사업장으로 오늘날의 사회적 기업인 셈이다.

재료의 순수함과 맛의 우수함은 다른 가게와 차이가 없을 뿐만 아니라 오히려 더 훌륭하다고 한다. 이곳에서 일하는 사람들은 몸이 불편한 장애인이지만 기성 제과회사의 최고급 기술자로부터 제대로 빵 만드는 기술을 배우고 훈련받은 사람들이다. 제과회사가 사회공헌 사업으로 이들에게 최고급 기술을 가르친 것이다.

희망제작소와 양해각서를 체결하고 있는 미국의 PPS(Project for

장애인이 운영하는 대표적인 대안기업 스완 빵가게의 심벌(일본 도쿄 소재).

Public Space)는 켈로그 재단으로부터 100만 달러를 지원받아 미국 내 20개 지역의 '농부시장'을 업그레이드했다. 지속가능한 지역경제를 정착시키고, 지역 빈곤층에 대한 지원을 강화하는 수단의 하나로 농부시장을 활용하고 있다. 미국에서는 웬만한 지역이나 도시마다 농부들이 직접 나와 농산품을 팔고, 가공업자와 상인들도 가공 농산품을 판매한다. 농부들에게는 정기적인 판매의 기회를, 도시의 소비자들에게는 싼 값에 싱싱하고 믿을 수 있는 농산품을 구입할 수 있는 기회를 제공하고 있는 것이다.

유럽에서도 사회적 기업은 점차 영역을 넓혀 나가고 있다. 네덜란드 암스테르담에 위치한 '쿠이치'는 유기농으로 재배한 면화로 각종 의류를 만드는 기업이다. 대안무역으로 수입한 면화와 재료만을 사용하고 있으며, 대안무역을 확산시키는 데 앞장서고 있다는 점에서 사회적 기업이라고 할 수 있다. 무엇보다 이 회사는 현재 전 세계에서 사용되는 살충제의 25%가 바로 일반 면화를 재배하는 데 사용된다는 점에 주목하고 있다. 유기농 면화의 재배와 사용이야말로 살충제 남용을 막아 토지 오염은 물론 농민과 소비자의 건강 악화를 막는다는 생각에서다. 지난 2004년 출범한 이 회사는 2007년 이미 24개의 브랜드를 생산해 낼 정도로 탄탄한 기반을 다져 나가고 있다.

'쿠이치'는 지구를 구한다는 비전을 실현하는 데 심혈을 기울이고 있다. 가장 멋진 의류를 만들어 소비자의 사랑을 받고 시장을 확대함으로써 대안무역을 좀 더 확장하겠다는 것. 이것이야말로 제3세계 가난한 농민을 돕겠다는 대안무역의 이상을 실현하는 가장 현실적이고 구체적인 목표인 것이다. 이 회사의 비전은 비전으로만 그치지 않는다. 유기농 면화가 어느 지역에서 언제 생산되어 어떤 과정을 거쳐 수입되고 제조되는지, 전 과정을 정확하고도 과학적인 방식으로 추적할 수 있는 시스템을 갖추고 있다. 결국 소비자들은 '쿠이치'의 상품은 모두 유기농 면화로 제조된다는 신뢰를 갖고 있기 때문에 이에 대한 믿음을 지켜주지 않으면 이 회사는 문을 닫고 말 것이다. 생산자에서부터 소비자에 이르는 생산, 수입, 유통, 제조의 모든 과정이 투명하지 않으면 안 되기 때문이다.

한국에도 상륙한 사회적 기업

우리나라에서도 사회적 기업에 대한 인식이 새로워지면서 확산되는 추세를 보이고 있다. 아름다운가게는 사회적 기업의 대표적 모델이다. 순환과 나눔이라는 가치, 재활용과 불우이웃돕기라는 사회적 목적을 위해 헌 물건을 기부 받아 수선하고 팔아서 남는 수익을 사회적으로 환원하는 것이다. 이미 아름다운가게의 점포 수는 전국에 100여 개를 넘어섰고 매출액은 150억원을 넘어섰다.

'지구에서 살아남는 법' 약칭으로 JSB라는 특이한 이름을 가진 기업도 사회적 기업이다. 불과 8년여 전 서울 대방동의 허름한 골목에서 그야말로 고물상처럼 시작했던 이 회사는 이미 400억원대의 연매출을 올리는 '강·소' 기업으로 성장했다. 아파트 외관과 조경공사를 하고 있는데 아주 특별한 전문성과 기술을 바탕으로 건설회사들의 마음을 사로잡고 있다. JSB에는 별도의 카페가 있고 직원들이 마음대로 휴식하고 대화할 수 있는 공간도 마련되어 있다. 한쪽에는 당구장도 있다. 나눔을 통해 좋은 세상을 만들기 위해 노력하는 한편 직원들과 항상 소통하려 하고, 직원들을 존중하는 CEO의 배려가 오늘의 창조기업 JSB를 만든 원동력이라고 할 수 있다. 이 회사의 복도에는 "Future is not predicted, but created"(미래는 예측될 수 있는 것이 아니고 창조될 수 있을 뿐이다)라는 글이 새겨져 있다.

우리 주변에 널려 있는 사회적 기업의 자원과 가능성

우리의 전통과 역사, 생활과 삶의 주변에 존재하는 지역적 자산을 활용해 비즈니스 모델을 만드는 것. 이것은 우리 사회에 사회적 기업이 확산되도록 하는 토양이 될 수 있다. 기업의 원천이 되는 기술이나 자원, 재료나 소재는 하늘에서 뚝 떨어지는 것이 아니다. 우리 조상들이 발전시켜온 삶의 지혜나 지식이 바로 그러한 기업 활동의 모체가 될 수 있다. 우리의 문화유산, 전통자원, 역사자산을 재평가하고 이것을 산업과 사회적 기업의 원천으로 활용할 때가 되었다.

희망제작소는 바로 이런 점에 착안하여 커뮤니티 비즈니스 연구소를 설립, 지역의 향토적 자원과 전통적 자원을 비즈니스 모델로 만드는 일을 지원하고 있다. 일본에서는 이미 이러한 커뮤니티 비즈니스가 상당한 성과를 거두고 있다. 각 지역의 특산품들이 바로 그런 결과물이다. 이러한 지역특산물과 향토 물산들은 지역경제를 튼튼히 하는 기둥이 될 것이다. 우리도 이런 커뮤니티 비즈니스, 사회적 기업을 전면적으로 새롭게 고민해야 할 때이다.

소셜 디자인

인테리어 디자인이나 패션 디자인처럼 우리 사회도 디자인될 수 있다고 생각한다. 사회를 디자인한다? 용어 자체가 생소한데 목적은 무엇일까? 소셜 디자인은 우리 모두가 살아가는 이 사회를 한 단계 업그레이드 시키는 디자인이다.

어떤 사회나 갈등이 없을 수는 없다. 갈등이 없는 사회는 인간이 사는 사회가 아니다. 오히려 때로는 의견의 차이가 필요할 때도 있다. 모든 사람의 의견이 똑같은 사회, 생각만 해도 끔찍하다. 그런데 문제는 그 갈등을 어떻게 잘 조정하고 처리하여 화합을 추구하는가이다. 사실 이렇게 서로 다른 의견이 조정되고 합의로 이어지려면 모든 사물을 합리적이고 균형 잡힌 시각으로 바라보는 힘이 필요하다. 바로 실용적인 사고방식이다.

조선 실학자, 특히 박제가 선생 같은 분들이 쓴 글을 보면 이런 얘기가 나온다. 우리나라 양반들은 말을 타고 노비가 말을 끌고 가는데, 그러면 걸어가는 속도와 말이 걷는 속도가 같을 것이다. 하지만 멀리 중국에 가야 하는 말은 아무리 고위관리를 태웠다고 하더라도 달린다. 말은 본래 빨리 달리기 위해 존재하는 것이다. 그래서 중국 청나라 연경(燕京)을 다녀온 실학자들은 '아 이런 것이 실용성이라는 것이구나.' 하고 인식하게 된다. 그분들이 청나라에서 이런 저런 서양의 과학과 기술을 보고 와서, 수원 화성을 쌓는 데 지대한 공헌을 한다. 다산 정약용 선생은 기중기를 개발했다.

이렇게 실학자들은 명분이 아닌 실질적인 것을 추구한다. 이것이 실학의 시대다. 건국 60주년을 맞은 한국사회도 그동안 여러 가지 시행착오가 순환하는 역사를 가졌다. 하지만 지금 와서 보면 기적과도 같이 경제 발전과 삶의 질이 높아진 게 사실이다. 민주화라는 성과가 있었기 때문에 우리 공동체는 지금과 같은 자유롭고도 희망적인 가능성을 많이 갖게 된 것이다.

동남아시아 같은 곳에 가면 우리 경제가 많이 발전했다는 것을 알 수 있다. 중국을 방문하면 우리 사회가 많이 민주화되었다는 것을 느낀다. 중국의 경제가 엄청난 속도로 발전하고 있지만 우리가 경험했듯 향후 민주화와 인간화 과정에서 엄청난 시행착오를 겪을 수밖에 없을 것이다.

그렇다면 과연 지금 우리는 정말로 만족할 만큼 경제가 안정되고 민주주의가 발전했는가? 글쎄. 여전히 발전해 가야 할 부분이 많다. 가야 할 길이 멀다는 뜻이다. 과거는 우리에게 소중한 기억이고 교훈이지만, 우리에게 더 중요한 것은 현재와 미래다.

내가 진정으로 고민하는 것은, 우리가 어떻게 하면 지금의 미진한 점들을 극복하고 밝은 미래로 갈 수 있을까 하는 문제다.

각론의 시대를 열자

지금 우리나라는 갈등과 대결이 너무 많다. 왜 갈등과 대결이 많은 걸까? 그 이유는 너무 추상적인 문제에 대해 큰소리만 치기 때문이다. 지나치리만큼 명분만 가지고 싸운다. 이 문제는 간단히 해결할 수 있다. 좀 더 구체적인 문제에 대해 좀 더 구체적으로 토론하기 시작하면 많이 사라지게 될 것이다. 따라서 우리는 어떻게 하면 실제와 각론의 시대를 열 수 있을까, 하는 문제에 대해 고민해 봐야 한다.

'총론은 있는데 각론은 없다' 는 말은 실제 유용한 지식을 제공하는 학자와 지식인들이 드물다는 것이다. 쉽게 말해 전문가가 없다는 말이다. 직장에서 혹은 자신이 일하는 현장에서 말끔하게 마무리가 안되고 있다는 것이다.

또한 외국인들은 공무원이나 평범한 직장인들이라도 반드시 기록을 남겨놓는다. 일본에 가서 수개월 간 많은 사람을 만나고 인터뷰한 적이 있는데 이들은 평소에 끊임없이 공부하고 노력해서 많은 사람들이 자신의 저서를 가지고 있었다. 일본인들의 명함을 보면 저널리스트라고 쓰여 있는 경우가 많다. 이들은 우리가 흔히 말하는 언론인들은 아니다. 이들은 평소 한 주제를 가지고 연구하고 강의하고 글 쓰면서 먹고사는 사람들이다. 그러니 모든 국민들이 하나의 전공을 갖고 있다는 얘기다.

좀 더 구체적으로 보자. 보도블럭 설치 공사만 놓고 봐도 우리와 일본은 차이가 많이 난다. 빈틈 없이 오밀조밀하게 잘 만들어 두었는데도 우리의 경우 곳곳이 틈이고 허점이다. 하이힐 신은 여성이 그 틈에 끼여 넘어지기 쉽게 생겼다. 즉, 보도블럭 하나 제대로 만들어 놓지 못했다는 말이다. 이것은 바로 기초, 혹은 기본의 문제다. 기초와 기본이 바로 서야 한다.

일본에 NIRA라는 싱크 탱크가 있다. 일본 정부, 대기업들이 출연하고 개인도 기부에 참여해서 만든 굉장히 큰 조직이다. 이곳의 목표가 뭐냐 하면 일본 시민 한 사람을 외국의 어떤 시민하고 붙여놔도 뒤지지 않을 만큼 대화가 되도록 최고의 시민으로 만들자는 것이다. 일본 시민 한 사람의 능력과 지력(智力)을 세계에서 가장 뛰어나게 만들겠다는 의미다.

학습하는 사회

그만큼 연구하고 학습하고 배우는 사회가 중요하다. 큰소리치면서 추상적이고 명분만 내세우는 사회가 아니라 그것을 담보할 수 있는 아주 구체적인 콘텐츠를 만들어가야 한다.

뮌헨에 있는 국민고등대학(Volk Hoch Schule)은 일종의 전문적인 평생교육기관이다. 한 학기 강의 종류가 1만 3,000개다. 뮌헨은 시민을 다 합쳐도 130만 명 정도니, 100명당 한 개의 강의가 있는 셈이다. 그래서 이렇게 제목을 부쳤다. "쉿! 뮌헨 시민은 공부중". 뮌헨 가서 떠들지 마시길. 그들은 모두 공부하고 있는 중이니.

우리나라에도 평생 교육을 갈망하는 사람이 많다. 평생학습을 위한 좋은 강의만 잘 제도화되면 얼마든지 가능하다. 옛날 조선시대 때 과거시험을 보면 철학 문제나 문학 문제가 나왔다. 프랑스 대학 입학예비고사인 바칼로레아에도 철학 문제가 나온다. 말하자면 인간의 삶과 인격의 실현에 관한 인문학적 학습이 먼저라는 메시지가 담겨 있다.

나는 이 사회에서 어떤 삶을 살아가야 될 것인가, 이런 것부터 배워야한다고 생각한다. 그런 면에서 인문학이나 교양과목이 중요하다. 한국사회야말로 평생교육이 꼭 필요하다.

거버넌스의 시대

이런 교육을 통해서 우리는 디테일한 콘텐츠를 생산하는 국민, 국가가 되어야 한다. 대한민국에 1,000명 이상 수용하는 공연장이 현재 130개가 되지만 공연장들이 텅텅 빈다. 그것을 채워나갈 프로그램이나 소프트웨어가 충분하지 않기 때문이다. 그래서 나는 대한민국이 '총체적 콘텐츠 부실 공화국'이라는 말이 틀렸다고 생각하지 않는다.

콘텐츠 부실과 함께 우리나라의 성냥곽 같은 아파트 공사 현장에서 보는 것처럼 생태적 감수성이 메말라버린 사회는 결코 선진국이 될 수 없다. 이미 생태적 사회라는 방향은 선택이 아니라 필수가 되고 있다. 토목공사 중심의 사회는 미래 비전을 가진 사회라고 말할 수 없다.

미래를 보면 돈을 버는 일들도 가능해진다. 경제조차 통찰력이 생기면 미래가 다 보인다. 지금은 이런 생태적 콘텐츠, 대안 에너지 사업 등이 경제성장의 동력인 시대가 되었다.

이런 일들은 방금 전에 이야기한 것처럼 정부의 힘만으로는 안 된다. 정부와 기업, 시민사회가 서로 견제, 균형과 더불어 협력해서 시너지 효과를 내야 한다. 파트너십과 네트워크의 시대다. 정부, 시장, 시민사회라는 세 섹터의 경계는 이미 무너졌다. 정부는 기업의 합리성을, 시장은 사회공헌을, 시민사회는 지속가능한 수익모델을 서로 생각하면서 끊임없이 진화하고 있는 것이다.

양극화나 빈부격차는 간격이 넓어졌다. 그런데 이 문제를 정부의 예산만으로는 할 수가 없다. 민간의 힘을 활용해야 한다. 한 해 135억원을 모금하는 아름다운재단, 한 해 110억원의 매출을 올린 아름다운가게가 100개, 1,000개가 되면 그 과정에서 고용이 창출되고 또 수많은 가난하고 어려운 사람들이 도움을 받을 수가 있다. 사회 자체를 변화시켜 내는 것이다.

그런데 정부에서는 이런 자선단체라고 할 수 있는 아름다운가게에 부가가치세를 일반 가게처럼 10%를 매긴다. 자선가게와 개인적 영리가게를 똑같이 보는 것이다. 조세수단을 통해서 이런 비영리 자선단체들이 많이 생겨나게 정책을 펴야 하는데 거꾸로 가고 있다. 이것은 우리나라 공직자들이 세계적 흐름이나 방향에 몽매하기 때문이다.

돈에도 영원한 생명을 불어넣을 수 있는 것이 바로 재단의 힘이다. 한번 재단으로 들어가면 그 재단이 사라지기 전에는, 지구의 종말이 올 때까지는 그대로 그 돈이 좋은 일을 위해 지속적으로 쓰이게 된다. 인간이 발명한 훌륭한 제도 중의 하나가 재단이 아닐까 한다.

'재단의 나라'라는 미국은 작년 한해 총 2,950억 달러를 모금한다. 우리나라 돈으로 1달러를 1,000원으로 계산하면 295조원이 기부되었다. 우리나라 2008년 한해 예산이 256조원이다. 우리나라 예산 전체를 합한 것보다 더 많은 돈이 모금 된 것이다.

캐나다의 지역 재단에서는 'vital sign'이라고 하여 자기가 사는 지역을 바꾸는 운동을 하고 있다. 교통에 관해서, 일자리에 관해서, 안전에 관해서, 평생 학습에 관해서 현재의 지표를 매기고 그것을 향상시켜 가는 운동이 바로 vital sign운동이다. 시민들이 낸 돈을 가지고 투자를 해서 세상을 바꿔 가는 것이다.

주택문제도 반드시 정부만의 책임은 아니다. 민간인들이 다양한 주택을 지어서 해비타트 운동을 하고 있다. 외국을 다니면서 보니까 민간하고 잘 협력하고 민간의 힘을 잘 활용하는 시장이 훌륭한 시장이다. 미국의 인디애나폴리스 시장이, 일본의 미야기 현의 아사노 지사가 바로 그런 사람이다.

그래서 우리는 좋은 것들을 끊임없이 받아들이는 자세가 중요하다. 우리나라 구호가 뭔가? '다이내믹 코리아'다. 엄청나게 변화가 빠른 나라다. 그래서 좋은 것들을 받아들이면서 세상이 끊임없이 좋게 변할 거라고 확신한다.(2009)

공존의 열쇠를 찾아라

나는 우리나라에 '동일 건축물 금지법'을 만들면 좋겠다고 생각한다. 너무나 똑같은 건물들, 특히 아파트들이 줄을 선 도시, 그곳이 바로 대한민국이다. 지겹고 싫증난다. 그런데 제주도 도의원님들은 벌써 '동일 건물 건축금지 조례'를 만들었다. 이런 일들이 전국적으로 확대되어야 한다. 뭔가 특색 있고 개성적인 도시, 마을을 만들어가야 한다. 나는 벽화 하나로도 그 마을을 바꾸고 그 마을을 먹고살게 한 사례를 보았다. 밴쿠버의 나나이모라는 도시가 그렇고, 독일의 남부 접경 지역 미텐발트라는 곳이 그렇다.

너무 큰 것부터 시작하면 잘 안 된다. 아주 사소한 것부터 바꾸는 것이 중요하다고 믿는다. 작은 것이 소중하다. 작은 것이 아름답다. 작은 것이 위대하다. 이런 마음가짐이 우리를 바꾸는 힘이 된다.

경제의 패러다임을 바꾸자

물론 대기업은 대기업대로 성장해 나가야 한다. 그렇지만 작은 소기업들도 도처에서 개미군단처럼 일어나야 한다. '유니레버'라는 기업의 한국 지사장이 영국 사람인데 이렇게 말하는 것을 들었다. 30년 전에 영국에서 잘 나가던 사업이 지금 전부 일본, 한국에 와 있다는 이야기다. 한국에서 지금 잘 나가던 산업들이 30년 후에 여기 다 남아 있을까. 그 사람이 걱정하는 것은 이것이었다. 아마도 30년 후면 우리가 지금 선두에 서 있는 조선, 자동차, 철강, 반도체 이런 것들이 지금 우리 뒤를 쫓아오는 중국, 베트남, 인도, 브라질 이런 나라들로 옮겨갈 거라는 것이다. 그렇다면 영국은 디자인 등의 문화예술, 관광, 금융 등의 서비스산업과 같은 고부가가치산업으로 더 잘 살게 되었는데 우리의 경우 그런 새로운 산업을 일으킬 수 있을까? 그것이 걱정이다. 좀 더 창의적이고 혁신적인 사회분위기가 지배하고 그런 교육이 이루어져서 한국사회가 지금의 산업을 다른 나라에 뺏기고도 더욱 더 잘 사는 사회가 되어야 한다.

그렇게 되려면 창의적인 일이 필요하다. 그런데 대한민국이 걱정되는 것은 우리 교육이 너무 획일적이라는 거다. 조금 튀는 사람들은 용납하지 않는다. 어릴 때부터 뭔가 기존의 선입견을 버리는 사람이 위대한 사람으로 성장한다. 선입견을 깨는 사람이야말로 천재적인 사람들이다. 이런 사람들이 창조하고 변화를 만들어 낸다. 이런 사람들이 수없이 생겨나야 한다. 그런 의미에서 교육도 중요하고 사회적 분위기도 중요하다.

작은 기업이라도 끊임없이 연구하여 새로운 상품을 만들어 내야 한다. Be your own boss라는 구호가 있다. 당신 자신의 보스가 되라는 것이다. 말하자면 사회에서 기업을 창업하는 것이 너무나 쉽고 자랑스럽고 성공할 가능성이 많도록 만들어주어야 한다. 우리처럼 중소기업 하는 것이 힘들고 기피되고 성공할 가능성이 낮아서는 안 된다. 그리하여 모든 국민들이 기업가적 정신으로 충만할 때 우리에게 희망이 생긴다.

거창고등학교 강당에는 '직업선택 10계명'이 걸려 있다. 직업을 선택할 때 다음과 같은 열 가지를 지키라고 강조한다. 첫째, 아무도 가지 않는 곳으로 가라. 딴 사람이 이미 한꺼번에 간 데로 가봐야 성공하기 쉽지 않다. 둘째, 월급이 적은 곳으로 가라. 셋째, 승진의 가능성이 없는 곳으로 가라. 갈수록 태산이다. 마지막으로 이런 말도 있다. 부모, 형제, 배우자가 말리는 곳이면 틀림없다. 그 길로 가라.

우리 사회에서 뭔가 성취를 이룩한 사람은 다 그런 길을 걸었다. 월급 적고, 남들이 거들떠보지 않는 것을 평생 과제로 삼으면 그 사람 분명히 성공한다. 나는 소기업들이 바로 그런 것이라고 생각한다. 청년 실업이라고 하는데 나는 청년 실업을 이해하지 못하겠다. 할 일들이 이렇게 많은데 어떻게 실업자가 있을 수 있을까?

지금 사회적 기업이라는 것이 대유행이다. 자기 마을, 자기 동네를 잘 살펴보면 비즈니스 기회를 많이 발견할 수 있다. 그래서 희망제작소에서는 소기업발전소, 커뮤니티 비즈니스 연구소를 만들어 이런 창의적 기업을 만들고, 향토적 자산을 기초로 사업을 벌이는 사람들을 체계적으로 도와주고 있다.

기업과 시민사회도 바뀐다

착한 생각을 하는 기업들이 전 세계에 수없이 막 솟아나고 있다. 과거와 같이 돈 많이 벌어서 주주에게 배당 많이 하고 세금 많이 내고 종업원 임금 올려주는 기업이 좋은 기업이라고 하는 것은 20세기적 발상이다. 21세기는 어떻게 하면 기업이 공동체와 자신의 지역에 공헌할지 생각하는 것이 먼저다. 사회공헌이 기업성장과 발전의 전략이 되고 있는 것이다. 요즘 대기업의 광고를 본 적이 있나? 사실 자선단체인지 영리적인 기업인지 구별이 안 가는 사례가 많다. 그래서 《착한 기업이 성공한다》는 책도 나왔다.

시민운동도 바뀌어야 한다. 은퇴한 시니어, 청년들로 이제 시민운동의 주역들이 교체되어야 한다. 과거 학생운동권 출신자들로 채워진 시민운동은 이제 거의 전환기에 처해 있다. 학생운동이 사라진 것이다. 오히려 은퇴한 시니어와 주부, 청년들이 이 자리를 메우고 동시에 자신의 지역사회, 우리의 공동체를 위해 일하는 그런 세상으로 만들어야 한다.

미국에는 정년이 없다. 건강이 허락하면 죽기 직전까지도 할 수 있다. 그런데 우리는 멀쩡한 사람을 은퇴시킨다. 50대가 되면 많은 기업의 임원들이 물러난다. 나는 이 시니어들이 제2의 삶을 봉사하는 삶에서 찾으면 얼마나 좋을까 생각한다. 이들은 기업의 임원으로서, 고위 공직자로서 소기업을 운영할 수 있고 다양한 것을 할 수 있다. 그래서 희망제작소는 행복설계 아카데미라는 것을 만들었다. 그래서 120시간을 설계하여 은퇴를 하셨거나 은퇴를 앞둔 분들을 모셔서 제2의 삶을, 인생 후반을 어떻게 꾸릴 수 있는지 교육한다. 현장 실습도 한다. 그런 다음에 컨설팅을 하고 어디 가서 일하실 수 있는지 알려드린다. 7기까지 진행했고 200여 명의 수료생 가운데 30% 정도가 취업했다. 이분들은 세상 돌아가는 것도 잘 알고, 훨씬 더 큰 지혜와 경험을 가지고 있다. 우리 사회는 이 지혜와 경험을 그대로 낭비하고 있다. 이 경험을 되살려 좋은 변화에 활용한다면 우리나라 GNP가 몇 %는 올라갈 것이라고 생각한다.

내가 아닌 이웃을 생각하는 사회

우리 사회에는 안정된 직장을 구하는 젊은이들로 넘쳐난다. 불안한 시대에 이들의 생각을 이해하지 못하는 바는 아니다. 그러나 한편에서는 자기가 잘 먹고 잘 사는 일 말고, 우리 이웃을 위해서 이 세상을 위해서 일하겠다는 야망을 가진 젊은이들이 많아졌으면 좋겠다. 물론 작은 콘텐츠, 평범한 일들도 중요하다. 하지만 젊은이들은 큰 비전을 갖고 큰 숲을 보고 큰 그림을 그릴 줄 알아야 한다. 큰 숲을 못 보고 작은 나무들만 보면 길을 잃을 가능성이 있다.

우리 사회를 더 인간적인 사회, 더 합리적인 사회, 더 민주적인 사회, 국민과 지구촌 시민들이 더 행복한 사회, 지속가능한 미래가 담보되는 사회, 누구나 자신의 인격과 삶을 풍요롭게 실현하는 사회, 누구나 절망하지 않고 좋은 세상을 꿈꿀 수 있는 사회, 이런 사회를 만드는 것이 우리의 목표가 되어야 한다.

GNP는 이것을 이루는 과정에서 자연히 따르는 결과이다. 참여정부에서 국민소득 2만 달러, 이명박 정부에서 747공약을 내세운 것은 우리가 추구하는 목표의 한 부분일 뿐이다. 우리의 비전과 목표는 그것을 넘어선 것이어야 한다. 우리가 어떻게 돈만 생각하고 경제만 고려하는 국민일 수 있는가? 우리는 더 인간적이고 이웃들과 더불어 함께 잘 살아가야 한다. 이웃이란 개념은 국내에만 한정된 것이 아니라 국경을 넘어서 전 세계로 확대되어야 한다.

나는 대한민국 국민을 믿는다. 기부의 마인드가 과거 5년 전에 비하면 훨씬 달라졌다. 지금은 누구나 기부를 하고 나눔을 이야기한다.

나는 대한민국이 희망이 있다고 생각한다. 아주 능동적인 변화에 잘 적응하는 국민이 바로 한국 사람들이다. 아름다운가게를 처음 시작할 때 사람들이 안 된다고 했다. 한국 사람들은 헌 물건 안 쓴다. 물건은 기증받을 수 있지만, 팔기 힘들다는 것이다. 지금 7년 됐는데 아름다운가게가 전국에 90개다. 그곳에서 5,000명의 시민이 자원활동을 하고 있고, 간사만 200명이 넘는다. 이렇게 빠른 성장을 하리라고 누가 예상했겠는가?

무엇보다도 우리나라 사람들은 쉽게 하나의 공동체가 된다. 정이 흐르는 민족이다. 이 정 때문에 한국의 미래가 있다. 물론 나쁜 면도 있지만 우리가 좋은 쪽으로 해석하고, 좋은 쪽으로 활용하면 무엇이든지 가능하다. 지난 백년은 우리 민족에게 너무 큰 수난의 역사였다. 우리가 그런 수난의 역사를 기억하고 우리가 가진 좋은 장점들을 잘 살리고 활용한다면 미래는 우리의 것이 될 것이다. 경제적으로도 왜 13위만 하겠는가. 왜 세계에서 우리가 5등 안에 못 들고 왜 1등은 안되나. 요즘 '생각대로'라는 로고송이 유행인데 우리가 서로 믿고 돕고 힘을 합친다면 우리가 꿈꾸고 소망하고 노력하는 대로 왜 세상을 못 만들겠는가. (2009)

지역과 현장에서 보는 희망

2006년 4월에 나는 길을 떠났다. 우리나라 농촌과 지역을 구석구석 방문하여 그 지역사회의 과제를 부여안고 분투하는 많은 지역 리더들을 만나 인터뷰도 하고, 현장도 보았다. 2006년 4월의 봄을 보내고, 여름과 가을, 겨울을 지나 지금까지 3년 동안 여행을 계속하고 있다. 전라남도를 시작으로 전북·경남·경북·충남·충북·강원을 거쳐 경기도를 오가고 있다. 아마도 금년이 끝나야 지방 투어가 끝이 날 것 같다.

사실 이 투어를 통해 나는 많은 것을 배울 수 있었다. 현장은 그 자체가 진리다. 책이나 글로는 보이지 않는 진실을 접할 수가 있는 것이다. 현장을 지키고 씨름하는 사람들의 이야기를 듣고 그 현장을 목격할 수 있는 것 자체가 나에게는 큰 행운이고 배움의 연속이었다. 그것은 또한 내가 몸담고 있는 싱크탱크 희망제작소의 사업 아이템을 정하는 데도 큰 도움이 되었다. 희망제작소는 한국의 21세기 실학운동이라고 생각한다. 이래저래 내가 투자한 시간과 돈에 비하면 훨씬 많은 것을 얻을 수 있는 기간이었다.

그동안 이런 지역투어가 적지 않게 시도되었다. 도법 스님은 종교인으로서 화해와 상생의 순례 길을 떠나 벌써 4년째 여행을 계속하고 있다. 소설가 김훈은 자전거로 우리의 국토를 종단하면서 '신택리지'를 쓰기도 했다. 교통은 훨씬 좋아졌지만 시간이 부족해 내 나라, 내 지역, 내 농촌조차 제대로 돌아보지 않은 정책결정자들인 공무원, 시민단체들의 활동가, 기업인들에게 꼭 추천해 보고 싶은 것이 바로 지역투어이다. 아마도 수지맞는 투자가 될 것이라고 믿는다.

절망의 어두운 그림자

내가 지역으로 떠날 때만 해도 우리나라 지역과 농촌에 희망이 별로 없어 보였다. 실제로 그랬다. 지역의 경제가 위축되어 파산지경에 있는 것은 말할 것도 없고, 지자체의 재정자립도는 바닥을 기고 있었다. 농촌지역은 파탄 일보 직전이었다. 아이 울음소리가 끊어진 지 오래고 밤길에 길을 물어볼 사람이 없었다. 인구유출에 모든 지자체가 골머리를 앓고 있는 실정이었다.

농촌지역뿐만 아니라 중소도시는 더욱 심각한 상태였다. 교통이 발전하고 도로가 편리해지면서 이른바 '빨대효과'는 더욱 높아져 인근 대도시들에 대한 경제 의존도가 심해졌다. 재래시장을 살리기 위해 안간힘을 다해보지만 도도히 밀려드는 대형마트에 맥을 출 수가 없었다. 지방 대도시라고 다를 것이 없었다. 도심은 쇠퇴하고 과거의 산업은 중국으로 이전했으며 새로운 성장동력은 찾지 못했다.

이 와중에 지난 참여정부가 추진했던 지방균형발전 정책은 마지막 외과수술 같은 것이었다. 기업도시, 혁신도시를 통해, 기업 유치를 통해 도시를 만들고, 공기업이나 공공기관을 강제로 이전하여 수도권 분산효과를 거두어보려는 안간힘이었다. 행정중심복합도시를 만들어 많은 중앙부처를 옮기자는 것도 마찬가지 취지였다.

그러나 외과수술은 증상의 근원적인 치료를 못한, 대증적인 임시 처치에 불과한 일이었다. 수도권에 몰려드는 요인을 제대로 진단하고 제대로 해결하지 못한 채 외형적으로만 강제 이전시키는 방식으로는 중앙과 지역의 불균형을 해소하기에는 역부족이었다. 더구나 이명박 정부가 들어서면서 혁신도시 정책마저 원점에서 재검토하는 방향으로 정책이 변화되면서 이러한 시도들은 물거품이 되고 있다.

희망을 만드는 사람들

지역을 돌면서 애초의 내 생각이 많이 바뀌었다. 절망은 어느새 희망으로 바뀌어가고 있었다. 적지 않은 사람들이 현장에서 땀 흘리며 세상의 변화를 만들어가면서 착실한 성공 스토리를 써가고 있던 것이다.

농촌에서 읍내로, 읍내에서 대도시로, 대도시에서 서울로, 서울에서 뉴욕으로 끊임없이 옮아가는 학생들 때문에 지역 교육이 파탄난 것은 어제 오늘의 일이 아니다. 폐교가 속출하고 농촌은 교육의 사각지대가 되었다. 그러나 그 농촌에서, 폐교 직전의 학교를 살려낸

최악의 지형조건을 중요한 자산으로 변화시킨 다랭이 마을.

영웅들이 적지 않았다. 예를 들면 충남 아산의 거산초등학교가 그렇다. 아무도 가려 하지 않던 이 학교에 자원한 다섯 명의 선생님들은 친생태적 프로그램을 만들어 5년간 운영하였다. 이들의 노고로 이 학교는 인근 아산과 천안 등 도시 아이들이 몰려들 정도로 인기를 얻어 학교 선생님들이 위장전입자를 가려내는 것이 주 업무가 되어 버렸다고 한다. 오늘날의 교육 흐름을 단숨에 바꾸어낸 사례다.

경남 남해의 다랭이 마을은 계단식 논에 물을 대고 경작하는 곳으로 전통농업의 입장에서 보면 최악의 지형조건을 갖춘 지역이다. 그러나 바다를 면한 논은 그 자체가 아름다운 경관이 되어 마을의 중요한 자산으로 변하기 시작했다. 관광이 늘고 민박이 많아지면서 마을이 뜨기 시작했고, 오가는 사람들에게 농산물을 팔고 민박 수입을 올림으로써 경제적 번영의 기초를 닦았다. 김주성 이장은 민박을 하지 않는 집들을 고려해 민박 수익 가운데 30%를 마을기금에 적립하도록 하고, 자신은 민박을 운영하지 않음으로써 상생하는 마을 분위기를 조성하는 뛰어난 리더십을 보여주기도 했다.

대구의 컨벤션센터인 EXCO는 객관적인 여건을 고려하면 서울의 코엑스는 물론이고 부산의 BEXCO에 비해 형편없다. 그러나 훌륭한 관장의 탁월한 경영마인드와 집요한 노력으로 전시공간이나 시설을 더 잘 갖춘 더 큰 도시에 비해 훨씬 좋은 경영실적을 거두었다. 경험이 많고 지혜가 깊고 열정이 높은 전문가를 잘 초청하여 맡기는 것이 얼마나 중요한가를 보여주는 사례였다.

민선 4기를 거치면서 이제 전국의 지방자치단체들도 과거의 시행착오를 극복하고 좋은 선례들을 끊임없이 만들고 있다. 여전히 적지 않은 부패와 비효율, 낭비와 소모는 물론이고 비전과 마인드 부족으로 표류하는 정책들이 많지만 그래도 과거보다 분명히 나아지고 있는 것은 틀림이 없는 사실이다.

나는 감히 지역의 미래를 위해 뛰고 있는 이토록 많은 사람들을 우리 지역사회의 미래이자 우리 사회를 바꾸는 영웅들이라고 믿는다. 세월과 경험을 쌓으면서 우리의 지방자치, 우리 지역사회의 저울추는 점점 더 희망의 영역으로 옮겨갈 것이라고 확신한다.

희망을 제작할 수 있을까

　지금 생각하면 참 겁없는 도전이었다. 싱크탱크를 만들다니, 돈이
많이 들어가는 사업이라고 겁을 주는 주변 사람들의 걱정에도 아랑
곳하지 않았다. 아직은 국책연구소나 기업경제연구소 외에 제대로
작동되는 싱크탱크가 별로 없지만 그런 현실에도 별로 주목하지 않
았다. 더구나 이름조차 '희망제작소'라고 덜컥 짓는 만용까지 부렸
다. 희망이라는 것을 제작하는 것이 가능할까? 많은 사람들이 이렇
게 생각했다. 내 스스로도 가끔은 '조용히 살 걸 그랬나' 하는 생각
도 든다. 아직 경험이 없는 사람들, 별로 주머니에 돈이 없거나 남의
돈을 꾸어올 능력조차 없는 사람들이 모여서 뭔가 우리 사회를 희망
의 사회로 바꾸어보겠다는 일념 아래 모여들었다. 그러다보니 시행
착오의 연속이었고, 아직 우리 스스로도 그림이 잘 그려지지 않았다.

하지만 현재의 어려움이나 고난은 오히려 용기와 도전정신을 불러일으킨다. 우리가 가는 길이 아무도 가보지 않은 길이기에 오히려 더 신이 난다. 언제나 시행착오는 우리가 더 잘할 수 있는 계기와 단서를 제공한다. 작은 경험을 쌓아가고, 정보와 자료를 축적해가고 한발 한발 나아가다 보면 어느 수준에 이르리라는 믿음 하나만으로 우리는 지난 한 해 그렇게 달려왔다.

그 사이 사회창안 사업은 궤도에 올라 수많은 시민들이 자신의 생활영역 속에서 발굴한 아이디어들을 올리고 평가하고 공유하고 더 나아가 정부기관이나 사회적 실체들이 그것을 수용하고 현실화하곤 했다. 그래서 이제 유력한 방송사, 신문사와 더불어 공동으로 진행하고 있다. 온 국민이 정책제안자가 되는 그날을 믿고 좀 더 정교하고 좀 더 실천가능하게 그 과정을 설계하고 실현하고 있다.

처음부터 관심을 가졌던 지역적 문제들에 대해서는 아직 충분히 경험을 쌓지는 못했지만 그래도 작은 지자체에 대한 컨설팅, 지자체 공무원들에 대한 교육, 마을만들기에 관한 일본 사례들의 번역작업, 일본 도쿄와 영국 런던에서의 희망제작소 발족을 위한 준비들을 차곡차곡 진행하였다. 조례연구소, 자치재정연구소, 주민자치 클리닉이 문을 열었거나 열 준비를 하고 있고, 공공문화 영역에서도 간판문화연구소, 공원연구소 등이 문을 열었다. 이런 연구소들은 희망제작소 안에서 존재하되 상대적 독립성을 가지고 학자들과 전문가, 그리고 상근연구자들이 시너지 효과를 거두는 방식으로 작동되고 있다.

처음부터 우리는 소셜 디자이너라는 직업을 창출해내 우리들의 명함에 쓰고 다닌다. 어떻게 하면 우리사회를 한 단계 업그레이드

시키기 위해 사회를 설계하고 디자인할 것인지 고민하는 것을 직업의 한 영역으로 설정한 것이다. 세계 최초의 직업이다. 많은 사람이 이런 이름과 우리의 꿈과 뜻에 동의하고 지원을 아끼지 않았다. 처음 어려울 때에 그 뜻을 이해하고 지원의 손길을 내미는 사람들에게는 특별히 더 고마운 법이다. 그분들에게 감사를 표한다.

그러나 아직 뭔가 뚜렷한 성과를 냈다고 보기는 어렵다. 많은 것이 시행착오와 준비와 실험의 과정이었다. 하기는 탄생 일년 만에 뭔가를 내놓기를 바라는 것 자체가 무리고 억지다. 사실 희망은 하루아침에 만들어지는 것이 아니다. 희망은 하늘에서 떨어지는 것이 아니다. 오히려 우리 스스로 고된 노력과 헌신을 통해 만들어내는 것이다. 처음부터 이름을 잘못 지은 것은 틀림없지만 그래도 그 이름값을 하기 위해 우리는 최선을 다할 것이다.(2007)

이름을 잘못 지어 웬 고생이람!

이름에 얽힌 사연

'희망제작소' 라는 이름을 지을 때는 신이 났다. 그냥 '○○○ 연구소' 나 '○○ 재단' 이라고 지었다면 얼마나 따분했겠는가. 나는 늘 이름부터 재미나고 흥미로워야 한다고 믿었다. 아니나 다를까 사람들은 희망제작소라는 이름을 들으면서 "뭘 제작하는 곳이라구요?" 라고 묻곤 하였다. "아! 우리는 무슨 물건을 만드는 곳이 아니구요, 희망을 만드는 곳이라니까요!" 라고 답을 할라치면 서로 한바탕 웃게 되는 것이다. 이름에 관련된 사연은 여기에 그치지 않는다. '공작소' 와 '제작소' 를 구별 못하고 사람들은 흔히 '희망공작소' 라고 부르기도 한다. 아, 그러면 여기서 일하는 사람들은 모두 '공작원' 이 되고 마는 것이 아닌가!

그러나 가장 당혹스러운 일은 그런 말장난에 있는 것이 아니고 진짜 희망제작소가 뭔가 희망을 제작하여 줄 것으로 기대하고 방문하거나 메일을 보내오는 시민들이다. 이들은 아주 진지하게 나를 찾아와 자신의 프로젝트를 설명하고 희망제작소가 도와주거나 함께 하기를 청하는 것이다. 이런 일이 한두 번이 아니게 되자 슬슬 '우리가 진짜 이름을 잘못 지었구나.' 하는 생각을 하게 되었다.

이제 와서 이름을 바꿀 수도 없으니 이제 '희망'의 '제작'은 우리의 운명이 되었다. 어쩔 수 없이 우리는 대한민국의 희망을, 시민들의 희망을 제작하지 않을 수 없게 된 것이다. 사주 관상학자들의 말에 따르면 이름이 운명을 결정한다고 하니 우리도 이제 어쩔 수 없이 그 운명을 따를 수밖에 없지 않은가.

지난 3년간의 지독한 시행착오

우리가 헛갈린 것은 이름만이 아니다. 희망제작소는 3년 전 '21세기 실학운동'이라는 캐치 프레이즈를 내세우며 실증적이고 창의적인 정책을 양산하는 싱크탱크임을 자임했다. 우리는 남이 잘하고 있거나 이미 잘되고 있는 일은 건드리지 않는다고 선언했다. 아무도 관심이 없거나 소홀히 하는 일들만 다루려고 작심한 것이다.

하지만 '실증적'이고 '창의적'인 정책을 개발한다는 것은 얼마나 힘든 일인가. 남들이 이미 하다가 포기하고 버린 것, 아무도 관심이 없는 것을 우리가 다루고 뭔가 성과를 낸다는 것은 얼마나 어려운 일인가.

이런 일을 처음 해보는 나 자신과 젊은 연구원들은 밤을 지새우며 국내외 사례를 수집하고 분석하고 대안을 만들려고 발버둥쳤지만 아직 기대에는 미치지 못한다. 아직도 우리는 우리가 바라는 세상을 세밀히 디자인하고, 그 경로를 설계하며, 우선순위를 정하고 실천에 나서는 일에 충분히 성과를 거두고 모델을 만들었다고 장담하기 어렵다. 아니, 이제 이 작업은 시작에 불과하다.

팀워크, 그리고 지속가능성이라는 숙제

나는 새로운 단체를 만들면서 늘 세 가지 숙제를 해결해야 한다고 믿어 왔다. 첫째는 사업의 포맷을 만들어야 하는 것이고, 둘째는 이 것을 수행하기 위한 팀워크를 구축해야 하며, 셋째는 이 사업과 사람들의 지속가능성이 보장되어야 한다.

희망제작소는 지난 3년간 이 세 가지 과업을 이룩하기 위하여 무진 애를 써왔다. 다양한 사업의 굴레 속에서 지지부진한 사업을 접기도 했고, 사업의 성취도와 완성도를 높이는 과정에서 연구원들의 피로도가 과도하게 축적되기도 했다. 서로 다른 배경과 전문성을 가지고 모인 연구원들이 한국사회에서 전혀 실험해 보지 못한 새로운 형태의 조직에 적응하고 조율하면서 시너지 효과를 낸다는 것은 쉽지 않은 도전이었다. 특히 나의 독촉에 속도를 맞추느라 연구원들이 무진 애를 썼다. 쉴 새 없이 빠르게 돌아가는 엔진의 열을 식히기 위해 더운 여름날 모든 연구원이 지리산을 종주하기도 하고, 버스를 전세 내 박물관을 돌기도 하였다.

그러나 가장 힘든 일은 역시 이 모든 실험이 지속가능한 궤도에 오를 수 있도록 재정적 안정성을 확보하는 일이었다. 특히 회원 구조에 취약했던 희망제작소가 작년 말에서 올해 초부터 집중적으로 회원모집에 나섰다. 게다가 경제위기가 불어 닥쳐 가뜩이나 쉽지 않았던 기업후원은 대폭 줄어들고, 큰 후원을 하던 개인마저 지갑을 닫았다. 이제 기댈 곳은 역시 다수 개미 회원들의 후원이다. 2009년 한 해는 바로 이 재정적 안정을 위한 도전에 올인해야 할 형편이다.

자랑스러워해도 좋을 3년간의 놀라운 성취

스스로를 돌아보면 늘 아쉬움과 모자람에 몸을 떨게 마련이다. 희망제작소의 3년은 많은 반성과 성찰을 요구한다. 좀 더 줄일 수 있었던 시행착오도 많았고, 좀 더 잘 할 수 있었던 여지도 많았다.

그러나 후회와 반성만 있는 것은 아니다. 오히려 지난 3년간 아마도 다른 조직이나 기관은 절대로 해내지 못할 엄청난 일을 해냈다. 희망제작소라는 한 조직 안에 수많은 연구소와 팀들이 생겨났고, 온전하지는 않지만 나름대로 굴러가는 자율성을 갖추었다. 마치 새롭게 축조된 호수 안에서 플랑크톤이 생겨나고, 수초가 자라고, 마침내 다양한 물고기와 개구리, 자라가 자라는 것과 같았다. 이 조직과 팀이 만들어낸 성과는 놀랄 정도이다. 100여 권에 이르는 각종 책자와 보고서, 자료집 등이 그것을 증명하고 있다. 희망모울에서는 쉴 새 없이 세미나가 열리고 소셜 디자이너 스쿨, 좋은 시장학교, 공공 디자인학교, 간판학교 등도 끊이지 않고 열렸다. 수많은 지자체에 나름대로 알차고 창의적인 콘텐츠를 공급하였다.

　문제는 우리 자신의 욕심과 기대다. 남들이 평가하는 대로 우리가 그대로 받아들일 수는 없는 노릇이다. 사업의 양식과 팀워크, 지속가능성이라는 과제에 좀 더 천착해야 한다. 방만한 구조를 좀 더 유연하고도 정교하게 만들어야 한다. 사업과 과제해결의 완성도를 높이고 품질을 업그레이드해야 한다.

　무엇보다도 희망제작소 구성원들은 여전히 그 이름값을 하고 있는지 자문해야 한다. 우리는 진정으로 대한민국의 희망을 제작하고 있는가. 앞으로의 3년 동안 우리는 이 질문에 답하기 위해 또다시 달려가야 한다.(2009)

포이동 129번지 사람들의 꿈과 희망[*]

세상은 어디에나 빛과 그림자가 있다. 빛이 있으면 그림자가 생기는 법이다. 포이동 일대에는 지난 반세기 동안 우리가 성취한 경제 성장의 찬란한 위업으로 타워팰리스가 서 있다. 그 높디높은 건물 한쪽에 짙은 그림자가 드리워져 있다. 바로 포이동 129번지 영동5교 굴다리 밑에서 피곤한 일상을 살아가는 사람들이다. 많은 시민들이 작은 시냇물과 아름다운 풀과 꽃들을 즐기며 산책을 하거나 조깅을 하는 양재천 그 다리 밑에 8개의 컨테이너박스를 세워 삶의 둥지를 튼 것이다. 이곳에서 사람들은 쓰레기를 주워 쓸모 있는 것들을 모

---

[*] 넝마공동체는 타워팰리스 턱 아래 포이동 129번지에 자리하고 있다. 넝마주이들의 이 믿을 수 없는 삶을 그려낸 사진 전시회가 아름다운가게 후원으로 가나아트에서 열렸다. 그 사진집에 실은 글이다.

아 팔아 생계를 유지한다. 참으로 기묘한 대조다.

요즘 사람들은 이른바 넝마주이라는 직업을 잊었다. 한국전쟁 시기에는 사실 넝마주이 아닌 사람이 없었다. 그러나 경제가 발전하면서 이들은 아주 소수자의 직업으로 변해갔고, 마침내 이제 얼마 남지 않은 희소한 직업군이 되어버렸다. 아마 포이동 129번지는 대한민국에서 거의 마지막 남은 넝마주이 집단거주지일지 모른다.

아주 오래전이어서 기억조차 희미하지만 1980년대 중반 무렵 나도 이 분들의 후원자가 되었다. 이들은 단순히 넝마주이라는 직업을 갖고 근근이 생활해가는 사람들이 아니라 그들 스스로 하나의 공동체를 이루고 삶의 희망을 키워가려는 의지를 가진 사람들이었다. 일부 지식인들이 이곳 공동체와 함께 작은 무크지를 내기도 했다. 몇 호까지 나왔는지는 모르지만 넝마주이의 모임으로서는 참 대단한 일이었다. 그때 잡지 이름도 '넝마공동체' 였다. 그후 내가 아름다운가게를 창립하고 그 대표를 물색하면서 이 '넝마공동체' 의 정신적 지주라 할 수 있는 윤팔병 선생을 아름다운가게 대표로 모셨다. 헌물건을 기부 받아 팔고 그 수익으로 자선사업을 펼치는 아름다운가게는 바로 현대판 '넝마주의' 가 아니고 무엇이던가. 그 정신에 꼭 맞는 사업을 평생 해오신 분을 대표로 모신 것이 너무 자랑스러웠다.

그런데 어느 날 알고보니 강남구청에서는 이들을 거주지에서 내쫓고 아무런 대책도 마련하지 않았다고 했다. 현장에 가보니 쫓겨난 이들이 어디로 가야할지 막연했다. 길거리에서 라면을 끓여먹고 차가운 길바닥에서 잠을 자고 있었다. 그림자 없는 세상이 없지만 그 그림자 아래에서 추위와 고통에 떨고 있는 사람들이 바로 우리 턱

밑에 있었던 것이다. 혹시 우리는 이들에게 그림자를 드리우고 있는 사람들은 아닐까. 우리만 볕을 쬐고 살아갈 수는 없다.

　이들을 돕는 것이 급했다. 긴급 희망제작! 발등에 떨어진 불이었다. 뭔가 해보아야 했다. 타워팰리스와 포이동 129번지. 이 기막힌 공존을 대중에게 보여주는 사진전을 퍼뜩 생각했다. 그래서 급하게 평소 알고 지내던 김우영 사진작가를 찾았고, 그는 흔쾌히 이들의 영상을 찍는 데 동의했다. 돈이 되거나 빛나는 작업도 아닌 이 일을 그는 선뜻 맡아주었다. 광고사진이 전문인 그는 잘나가는 우리 시대의 사진작가이다. 김우영 작가에게 깊은 감사를 드린다.

아름다운 동행

외국을 나가보면 한국호의 위력을 여실히 느낄 수 있다. 10대 경제대국이라는 말이 실감이 난다. 전자제품, 자동차, 선박 등 세계 점유율에 있어서 주요 선진국을 이미 오래전에 따라잡았다. 한 도시의 공항에서부터 시내 도심에 이르기까지 한국산 상품광고 선전이 요란하다. 이제 어느 누구도 과거 한국전쟁의 어두운 모습을 그대로 기억하고 있는 지구인은 없다.

한국의 경제성장과 국제진출에 가장 크게 기여한 것은 당연히 기업이다. 기업은 경제성장의 견인차고 수출과 국제진출의 첨병이다. 그러나 이러한 역할에도 불구하고 과연 우리나라 기업의 사회적 공헌도도 비례하여 성장하고 있는지에 대한 답은 긍정적이지 않다. 그동안 정경유착, 편법상속, 분식결산 등으로 기업 이미지가 국민에게 좋은 것만은 아니다. "기업하기 좋은 나라"를 외치고 있지만 막상 국민적 이미지가 좋지 않은 마당에 그런 환경이 저절로 만들어질 리는 없다.

하지만 최근 들어 기업의 사회적 공헌은 움직일 수 없는 대세로 자리 잡고 있다. 대부분의 대기업들이 사회공헌팀을 별도로 구성하고 있고, 사회공헌 예산을 따로 잡고 있다. 초기에는 중구난방식으로 사회공헌이 이루어졌으나 최근에는 기업별로 특성화 전략이 마련되고 있기도 하고, 집중영역이 만들어지기도 한다. 더구나 그 규모는 지속적으로 늘어나고 있다.

아름다운재단은 일반 시민들의 1% 기부운동을 벌여 이미 거의 100억원에 가까운 기부금을 모았다. 그런데 최근 들어 기업들의 사회공헌 업무도 아름다운재단의 중요한 업무영역으로 등장하고 있다. 지난 2004~2005년 한 해에만도 100여 개의 기업과 다양한 사회공헌활동을 공동으로 수행한 것이다. 그 수에 있어서나 규모에 있어서나 한 재단이 수행하기에 벅차다고 할 수 있다. 그럼에도 불구하고 아름다운재단은 기업 사회공헌의 새로운 모델과 전형을 만들어낸다는 입장에서 해당 기업의 특징에 맞는 사회공헌 수요를 찾아내고 실천해가려는 노력을 해왔다.

기업이 상품으로 세계적 기업이 되는 것과 동시에 그 사회공헌 활동으로도 세계 초일류 기업이 되는 날이 오리라고 믿는다. 기업은 결코 수익만 취하는 이기적 영리조직이 아니다. 이미 상품으로, 고용으로, 그리고 사회공헌으로 사회의 공적 도구가 되었다. 이러한 공헌의 결과로 그만큼 우리사회가 발전하고 윤택해지고 아름다워졌

다고 믿는다. 아름다운재단과 함께 한 모든 기업과 그 실무자, 아름다
운재단의 담당 간사들의 노고를 치하 드린다. 기업의 사회공헌의 역
사와 수준은 아직 먼 길을 남기고 있다.

'1유로 맨'과 '고려장' 이야기

루거 로이케(Rudger Reuke). 35년간 독일 정부기관 DED(독일개발
원조기구)에 근무하다가 은퇴 후 해외원조 민간단체 German
Watch에서 일을 한다. 정부로부터 연금을 받고 있기 때문에 이 단
체에서는 1유로(Euro)만 받는다. 그래서 스스로 '1유로맨'이라고
부른다. 그는 매일 출근해서 일할 곳이 있고, 세상을 위해 봉사할
수 있으며, 좋은 젊은이들과 함께 일할 수 있어 대만족이라고 행복
해 한다.

2004년 프리드리히 에버트 재단의 초청으로 3개월간 독일을 여행
했다. 루거 로이케 씨는 이때 만난 사람 중 하나다. 이 사람의 스토
리는 단지 한 사람의 것에 그치지 않는다. 영국에도, 미국에도, 일본

에도 수많은 '루거 로이케 씨' 들이 있다. 미국의 경우 성인 인구의 절반이 온갖 형태의 자원봉사를 하고 있으며, 자원봉사자들의 활동은 800만 명의 상근 노동자가 제공하는 노동과 같다고 한다. 더구나 미국이나 유럽의 이른바 '베이비 붐' 세대와 일본의 '단카이[塊] 세대' 가 은퇴하면서 아직 건강한 노인들의 일자리 문제가 큰 사회문제로 등장하게 되었다. 이들의 일자리 창출을 사회의 부담이 아니라 사회발전의 견인차로 만드는 것이 더없이 중요한 문제로 등장한 것이다. 따라서 선진사회에서는 제2의 삶을 꾸리고, 새로운 일에 도전하는 용감한 시니어들의 이야기가 언론에 자주 등장한다.

우리나라도 전문직 은퇴자들이 크게 늘고 있다. 쉰 살이 넘으면 벌써 명예퇴직의 압력을 받는 것이 한국의 현실이다. 대기업 임원이나 고위 공직자로 일했던 유능하고 경험 많은 인재들이 버림받고 있는 것이다. 언젠가부터 동창생들 중에 매주 일요일 오전 10시에 북한산 입구에서 모여 함께 등산하는 그룹이 생겼다. 최근에는 참가인원이 너무 많아져서 한꺼번에 등산하기가 힘들어졌다고 한다. 아직 50대 초반인데 직장에서 밀려나 등산이나 다니는 친구들이 훨씬 많아진 것이다.

미국은 정년이 없고 어른의 경험을 중시하는 분위기지만 이와 달리 우리나라에서는 은퇴자를 그냥 퇴물 취급하는 경향이 많다. 따라서 이들은 아직 건강하고 일할 만한 능력을 갖추고 있는데도 경로당, 노인정을 다니거나 등산, 낚시 등으로 소일하면서 세월을 보내고 있다. 어떻게 보면 오늘날의 '젊은 은퇴자' 들은 사회적 '고려장' 을 당하고 있는 것이나 진배없다. 일찍이 미국의 유명한 경영학자

피터 드러커는 이렇게 말했다.

> 최초의 직업에서 퇴직까지를 인생의 전반전이라고 본다면 퇴직 이
> 후의 인생을 인생의 후반전이라고 할 수 있다. 그러므로 누구나 인
> 생의 후반전을 준비하지 않으면 안된다. 미국의 경우, 나이가 45세
> 쯤 된 퇴직 중견 경영자들의 상당수가 지역의 병원으로, 학교로,
> 비영리기관으로 자리를 옮기고 있다.

금년 하반기에는 빌 게이츠도 자신이 일군 마이크로 소프트에서
퇴직하고 제3세계 지원을 중심으로 하는 자선활동에 몰두할 예정이
라고 한다.

물론 이런 움직임이 전혀 없는 것은 아니다. '노인 일자리 박람회'
도 열리고 '노인 일자리 알선 사업'이 정부나 사회기관에서 행해지
고 있지만 대체로 비전문적 단순 일자리를 염두에 둔 것이고 그것마
저도 제대로 돈을 받고 취업하는 일이 드물다. 희망제작소는 대한생
명과 더불어 '행복설계 아카데미'를 열어 전문직 은퇴자들에게 사회
공익을 위해 일하는 다양한 비영리단체 일자리를 주선하고 있다. 비
영리단체(NPO)를 체계적이고 전문적으로 소개하는 강좌, 현장 실
습, 1:1 컨설팅으로 이어지는 120시간의 커리큘럼을 거치면 이들은
세상을 위해 일하는 다양하고도 아름다운 NPO의 세상으로 안내된
다. 이미 4기째 진행중인 행복설계아카데미 수료자는 100여 명에 이
르고, 그중에 30%는 NPO에서 근무하면서 새로운 제2의 삶을 개척
하고 있다. 자신의 풍요로운 삶은 물론이고 사회적 공헌의 효과 역

시 작지 않을 것이다. 전문직 은퇴자들이 어떤 인생 후반전을 맞이할지에 대한 본격적인 설계와 실천은 아직 시작일 뿐이다. (2008)

한국, 디자인의 세상을 열다

나는 내 명함에 '소셜 디자이너'라는 명칭을 적어넣었다. 어떻게 하면 우리사회를 한 단계 더 업그레이드할까를 고민하는 직업이다. 우리사회를 조금은 더 인간적이고 합리적이고 상식적이며 민주적인 사회로 만들어보자는 것이다. 사전을 찾아보아도 이런 직업은 없으니 세계 최초의 직업인 셈이다. 패션 디자이너도 있고 인테리어 디자이너도 있는데 사회를 디자인하는 직업도 있을 수 있다고 생각하고 만들었다.

내 명함을 보고 간 어떤 이를 그 다음에 만났더니 명함에 '에듀케이션 디자이너'라고 적혀 있었다. 이렇게 다양한 사회 영역의 디자이너들이 늘어나고 있다. 이런 일 때문에 나는 여러 디자인 기관에서 강연 초청을 분에 넘치게 받기도 하고, 디자인진흥원에서 디자인 홍보대사로 임명되었으며, 공공디자인학회에서 이사로 선출되기도 하였다.

2004년 독일 프리드리히 에버트 재단의 초청으로 독일을 3개월 여행한 적이 있었다. 그때 독일이 더 이상 '메이드 인 저머니'(Made In Germany)라고 쓰지 않는다는 사실을 알게 되었다. '디자인 인 저머니'(Designed in Germany)라고 쓴다는 것이다. 한때 제조업의 왕국으로 일컬어지던 독일이 이제 디자인 중심의 사회로 옮아갔음을 의미한다.

그후 데모스(Demos)라는 싱크탱크의 초청으로 영국을 방문했는데 영국 역시 스스로 세계 최고의 디자인 국가임을 자랑하고 있었다. 과거 영국이 자랑하던 많은 제조업들은 이미 다른 경제대국이나 개발도상국가로 옮아갔고, 영국은 이제 완전히 금융, 서비스, 디자인, 문화산업, 관광 등 부가가치가 훨씬 더 높은 부문을 성장 분야로 삼고 있다. 사실 문화예술이나 디자인 등의 분야에서 프랑스나 이탈리아보다 평가받지 못했던 독일이나 영국이 그동안 이룩한 성취는 문화예술과 디자인이 한 사회의 경제적 발전에 얼마나 중요한지를 새삼 깨닫게 해주었다.

그동안 생태적 지속가능한 발전이나 문화예술을 기반으로 한 경제성장, 디자인의 중요성에 맹목(盲目)했던 우리나라가 이러한 세계적 트렌드를 이해하고, 이쪽으로 중심을 옮겨가는 모습을 볼 수 있는 것은 그나마 다행이라 할 것이다. 서울특별시가 디자인수도를 선언하고 있고, 중앙정부와 지방정부들이 앞다투어 공공디자인 전담부서를 만들고 있음은 주지의 사실이다. 기업들 역시 디자인 경영을

일상 속의 공공디자인(독일).

내세우며 제품의 생산과 서비스의 제공에서 디자인의 역할을 강조하고 있다. 이러한 노력의 결과 우리나라의 행정서비스와 제품생산, 서비스 분야에서 성공적인 사례들을 낳고 있음을 흔하게 목격할 수 있다.

그러나 여전히 우리의 수준과 노력이 충분하다고 말할 수는 없다. 디자인 선진국에 비하면 아직 우리의 디자인 수준은 상당히 그리고 전반적으로 뒤떨어진 것이 사실이다. 한류가 한참이던 시절, 일본의 한 관광학 전문 교수가 한류 투어단을 따라 한국을 다녀간 적이 있었다. 이 사람은 한국에서 사 갈 수 있는 문화상품이 하나도 없음을 보고 참으로 크게 실망했다고 나에게 고백한 적이 있었다. 이런 현상이 문화상품의 영역에만 그치지는 않으리라고 본다. 공공디자인의 영역에서도 아직 지나치게 외형상의 아름다움만 추구하고 있을 뿐 균형 잡힌, 실용성과 잘 어울리는 디자인이 보편화되지는 못하고 있다. 대기업의 경우에는 전세계 소비자들을 휘어잡는 디자인들이 많이 나오고 있지만 중소기업의 경우 아직 디자인 전문성을 갖고 있지 못하다.

하지만 그럼에도 우리들에게 희망이 없는 것은 아니다. 오히려 그 반대다. 한국 사람들은 원래 문화예술적 감수성이 뛰어난 민족이다. 일단 디자인의 불이 모든 영역에서 옮겨 붙고 있으니 이제 그 성과와 성취가 연이어 나올 것은 분명한 일이다. 이런 점에서 이번에 디자인진흥원이 펴내는 디자인성공사례집의 의미는 크다. 늘 모든 일에서 그래 왔듯 성공사례와 모델을 통해 우리 기업과 공공영역에서 그것을 배우고 벤치마킹함으로써 훨씬 더 진전한 사례를 만들어낼 것이다. 이번에 소개된 성공사례들을 이룩한 기업들과 이들의 사례를 만들어낸 디자인진흥원의 노력에 축하와 경의를 표한다. 이들의 노력이 한국의 디자인 세상을 열어젖히는 데 큰 계기가 될 것임을 믿어 의심치 않는다.(2008)

사회적 기업을 통한
희망의 행진[*]

인간은 눈에 보이지 않는 것을 볼 수 있는 능력이 있다. 지금 온 세상에 혁명의 바람이 불고 있다. 바로 사회적 기업이 그것이다.

2006년 다보스 포럼에서 가장 주목받은 사람들이 '각국의 정치지도자', '대기업 CEO'가 아니라 사회적 기업가들이었다는 사실이 이를 증명하고 있다. 영국에서는 사회적 기업이 무려 5만 5,000개 활약 중인데, 이들 기업은 전체 일자리의 5%를 차지하고 있으며, 한해 매출액이 50조원에 달해 국내총생산액(GDP)의 1%를 차지하고 있다고 한다. 영국 정부는 사회적 기업의 효용에 눈을 떠 지난 2006

[*] 한일 사회적 기업 포럼 기조연설 내용을 에세이로 바꾼 것이다. 포럼은 일본국제교류기금의 후원으로 한일 양국의 사회적 기업의 현재와 미래를 조명하고 공동의 비전을 공유하고자 마련한 자리였다.

년부터 이들을 적극 지원하고 있다.

폐자원을 활용해 세상에서 단 하나밖에 없는 디자인을 표방해 유럽의 '신상족'을 사로잡은 프라이탁 가방은 폐기 처분되는 시트나 안전벨트를 재활용해 하나에 30만원이 넘는 비싼 값에 팔린다. 바로 자원 재활용과 창의적 아이디어로 환경문제와 비즈니스를 한꺼번에 잡은 사회적 기업이다. 지자체 자체를 활용해 성공한 사회적 기업도 있다. 영국 콘월 지역의 에덴 프로젝트 사다. 이 지역은 한국의 강원도 정선처럼 한때 광산업이 성행했지만 폐광 지역으로 바뀌면서 쇠퇴하게 되었다. 영국은 이 폐광 지역에 정선처럼 도박 산업인 카지노를 세운 게 아니라, 에덴 프로젝트라는 이름으로 세계에서 가장 큰 돔 형식의 실내 식물원을 열었다. 그리하여 2001년 첫 해에만 무려 1억 9,600만 명의 관광객을 맞이했다고 한다.

이렇게 우리가 당면하고 있는 사회적 문제를 해결하는 지속적 도구(tool)로서의 사회적 기업의 역할에 대해 이제 모든 지역, 모든 나라에서 제대로 이해하고 있다. 사회적 기업은 기업과 비영리단체의 결합 형태로 기업적 효율성과 생산성을 통해 공익적 목적과 지역사회의 발전을 꾀하는 새로운 실험이라고 할 수 있다.

한국적 상황에서의 경제위기와 사회적 기업

최근 우리 사회에서 사회적 기업이 하나의 대안으로 주목받게 된 데는 미국발 금융위기에 따른 세계 경제의 혼란과 불안이라는 상황과 무관하지 않다. 한국은 IMF 당시에는 재벌기업들의 방만한 투자나 기업의 지배구조가 그런 위기를 몰고 왔다고 분석하고, 소액주주운동을 통해 재벌개혁 운동을 펼쳐 나갔다. 즉, 투명성, 책임성, 지배구조의 변화를 위해 다양한 방식의 운동을 해나갔다.

하지만 이번 위기에는 그때와는 다른 운동이 가능할 것 같다. 한국경제는 그동안 지나치게 신자유주의적인 흐름을 도입했으며, 한국경제의 체질은 또한 지나치게 국외의존이 높다. 미국이나 다른 선진국이 기침하면 한국은 독감에 걸린다는 비유가 있을 정도로 한국경제는 대외 충격에 취약한 구조를 갖고 있다. 그러나 한 국가 내에 자립적이고 독립적인 경제규모를 어느 정도 갖추어야 외부 충격에 상대적으로 안전할 수 있다고 생각한다.

이에 따라 자기 지역의 향토적 자산을 활용한 커뮤니티 비즈니스와 시민들의 창의적 아이디어에 기초한 사회적 기업들, 농촌과 지역의 가난한 농민들과 NGO들이 일구어내는 소기업들이 얼마나 중요한지를 새삼 깨닫게 되었다. 우리는 자본과 기술이 국가간 장벽을 넘나들며 유통함으로써 만들어낸 세계경제질서가 얼마나 허약한지를 깨달았다. 그리고 이와 동시에 사회적 기업과 소기업의 융성이 이러한 허약함에 대한 대안이 될 수 있음을 알게 되었다.

독일의 경우 소시지와 관련된 먹거리 브랜드만 4,000개가 넘는다고 한다. 이들은 탄탄한 지역 브랜드로 미국의 대기업에도 꿋떡없이 맞서고 있다. 일본도 마찬가지로 향토 기업의 뿌리가 비교적 깊어 작은 시골역이나 지방 공항에도 지역 특산물이 넘친다. 이렇게 향토적 자산을 기초로 하는 커뮤니티 비즈니스와 시민의 창의적인 아이디어에 기초한 중소기업들이 살아 있어야 한다. 그동안 대기업 주도의 성장정책은 어느 정도 성공을 거뒀고, 중요한 역할을 했음을 인정한다. 하지만 그 폐해도 만만치 않았다. 그것을 보완하는 의미에서 소규모의 자생적·자립적·향토적 비즈니스들이 많이 창출돼야 한다고 생각한다.

희망제작소는 소기업발전소와 커뮤니티 비즈니스 연구소를 내부 산하기관으로 두고 "대한민국 모든 국민은 소기업 사장이 될 수 있다"는 슬로건 하에 누구나 쉽게 창의적으로 사회적 기업을 창업하고 성장시키는 것을 돕고 있다. 한국 국민만이 아니라 아시아의 모든 시민이 사회적 기업을 시작하고 성공할 수 있기 위해서는 사회적 인프라, 즉 금융, 조세, 컨설팅, 마케팅의 모든 분야에서 제도적, 실질적 지원이 이루어져야 한다.

섹터간 융합과 사회적 기업가 정신

정부나 기업 또는 민간단체 간에 서로 경계를 허물고 융합하며 상호 파트너십이 강화되는 것은 여러 선진국들의 공통적인 현상이다. 사회적 기업을 통해서 공공기능의 목적을 가지면서도 기업적 방식을 도입해서 공공적 문제를 해결하려고 하는 분위기가 많은데, 지금이야말로 이와 같은 사업을 시작할 절호의 기회다. 이때 무엇보다 중요한 것은 사회적 기업가 정신(social entrepreneurship)과 창조적·도덕적·실험적·대안적 정신이다. 또한 이러한 정신이야말로 사회를 개혁하고 우리의 지역사회, 공동체 발전을 이룩하는 최고의 엔진이다. 바로 이러한 정신이 사회적 기업과 만나면서 아시아와 전 세계 여러 지역사회에 성공적인 모델을 만들어내고 있는 것이다.

사회적 자본시장을 향해

작년에 노벨평화상을 수상한 방글라데시의 유누스 총재를 만나 식사를 한 일이 있다. 그때 우리는 여러 가지 이야기를 나누었다. 유누스 총재는 향후 자신의 활동과제로서 대안적인 사회적 증권시장과 사회적 기업들의 정보와 투자를 알리고 유도하기 위한 대안적 〈월스트리트 저널〉 같은 매체의 창간에 대해 이야기하기도 했다.

사회적 증권거래소는 2003년 브라질 증권거래소(Bovespa)가 온라인상으로 처음 개설하면서 시작되었다. 사회적 증권거래소(Social Stock Exchange)란 기업의 사회적 책임(CSR; Corporate Social Responsibility)을 다하는 기업과 사회적 기업(social enterprise)의 주식을 거래소에 상장시킨 후, 윤리적 투자자들로부터 자금을 공급받는 주식시장을 말한다. 그후 남아프리카공화국이 이와 유사한 거래소를 열었고, 인도, 뉴질랜드, 포르투갈, 태국 등이 타당성 검토에 들어갔다고 한다. 영국과 독일도 올해 사회적 증권거래소를 개설할 예정으로 알려지면서 사회적 증권거래소에 대한 관심이 커지고 있다.

한국에서는 사회적 기업육성법이 제정되어 사회적 기업을 위한 제도적 지원이 마련되었으나 제도적으로 인증 받지 않은 사회적 기업, 혁신적 기업이나 NPO를 위한 투자 기반이 없는 상황이다. 그러나 이런 움직임이 작년에 생겨나기 시작했다. 생활자금이 필요하지만 은행거래를 하지 못하는 서민을 위한 소액대출을 시민들이 십시일반 하는 온라인 금융서비스 원클릭닷컴이 그중 하나다. 또한 한국의 대표적 벤처기업가는 젊은이들을 위한 사회적 벤처에 투자하고자 준비하고 있다.

일본과 한국의 사회적 기업은 역사적으로 유사한 맥락과 과제를 갖고 있는 듯 보인다. 양국 모두 사회적 기업은 시민활동과 NPO의 성장에 뿌리를 두고 있다. 또한 크게 두 가지 활동으로 구분할 수 있는데 빈민층의 고용을 담보하고자 하는 노력과 시민이나 청년의 창의적 벤처가 그것이다. 여기에 더해 어떻게 하면 사회적 기업을 활성화시켜 이들이 우리 사회의 문제를 해결함과 동시에 지속가능하게 만들 수 있을까라는 과제도 마찬가지다.

3회에 걸쳐 진행하기로 한 한일 사회적 기업 학술교류는 한일 간 사회적 기업의 성공모델의 공유, 정보교환과 연구를 위한 네트워크 구축, 정부나 기업들과의 파트너십 형성과 법제화를 위한 공동의 노력으로 위와 같은 과제를 해결할 수 있으리라 낙관하게 만든다.

나는 늘 "세상은 꿈꾸는 사람의 것"이라고 말한다. 그렇다. 꿈도 꾸지 않는다면 그 꿈을 이룰 가능성은 아예 제로다. 그러나 우리가 꿈을 꾸기 시작하는 순간 그 꿈은 현실이 될 가능성이 높다. 더구나 그 꿈을 우리 모두가 함께 꾼다면 언젠가는 반드시 이루어지고 말 것이다. 함께 꿈을 꾸고 함께 그 꿈을 이루자.(2007)

낯선 여행을
준비하는 이에게

    젊음은 불타오르는 도전이요, 열정이요, 성취이다. 젊음은 안일한 일상의 안주가 아니라 앞이 잘 보이지 않는 낯선 곳으로의 여행이다. 젊음은 절망과 방황의 끝에서 새로이 시작하는 희망의 단서이며 재기의 움직임이다. 젊음은 결코 감미로운 음악 감상이 아니라 때로는 고통스러운 신산(辛酸)의 음미이다. 그리하여 젊음은 단 한번뿐인 인생의 여정에서 가장 빛나는 시기이며 실험이며 의미이다. 아무도 돌아갈 수 없는, 돌이킬 수 없는 삶의 과정에서 늘 반추하고 추억하고 그럼으로써 행복한 시기이다.

    오늘날의 이른바 '88만원 세대'들은 오로지 대우 좋은 직장에 취업하는 것만 바라고, 사회정의와 공공의 이익에는 안중에도 없는 '불행한 세대'라고들 말한다. 진실로 이들이 '잘 먹고 잘 사는 삶'만

넥스터스 멤버들과 함께.

바라고 구한다면 그것은 불행한 일임에 틀림없다. 인생은 먹기 위하여 사는 것이 아니기 때문이다. 더군다나 그것이 호기롭고 진취적인 젊음과 그 시기의 삶을 포기한 결과라면 더욱 비극적이다.

나는 위기가 곧 기회라고 믿는 사람이다. 대기업이나 공공기관 취업의 문이 닫혀 있거나 너무 좁은 이 상황에서 오히려 젊은이들이 그동안 사회에서 소외되어 있는 과제, 방관하는 영역의 문을 두드릴 거라고 믿는다. 그것이 바로 NPO, NGO, 시민단체, 사회적 기업의 길이기도 하다. 비록 이 동네에서는 월급도 많이 받지 못하고 밤늦은 시간까지 온갖 잡무에 시달리긴 하지만 그래도 보람으로 가득 차 있기 때문이다. 생각해보라. 기업에서 많은 월급을 주기 위해 얼마나 못살게 구는가. 아니면 공공기관에서 공무원으로 평생 일하는 것이 얼마나 답답한가.

NPO나 NGO, 시민단체에서 근무하는 사람들이 이제 또 하나의 직군으로 생겨날 만큼 많아졌다. 그러나 이러한 시민단체들도 진화와 변화를 거듭하고 있다. 아니 공공기관이나 기업도 마찬가지다. 과거 엄격하던 이러한 세 섹터간의 경계는 허물어지거나 희미해져 상호 혼융하고 있는 것이 사실이다. 공공기관에서 산하에 주식회사를 설립하거나 기업에서 NPO를 만들거나 NGO, NPO가 좀 더 지속가능한 활동을 위하여 기업을 운영하는 사례들이 생겨나고 있다. 사회적 기업은 바로 마지막 경우에 해당한다.

오늘날 사회적 기업은 하나의 사회적 혁명이며 실험이다. 공공의 이익을 달성하기 위하여 기업적 방식으로 더 큰 효율성과 수익률을 달성하고자 하는 것이다. 공공기관처럼 비효율적이지 않고, 기업처럼 탐욕적이지 않으면서도 공공의 이익을 위해 기업적 효율성으로 무장한 것이다. 이제 사회적 기업은 우리 시대의 유행이며 아이콘이 되고 있다.

그러나 막상 사회적 기업에 관한 정확한 이해나 기능, 가능성에 대해서 몽매한 경우가 많다. 언론의 간단한 소개나 번역된 외국 책을 통해 막연하게 이해하고 있는 정도다. 그런데 이번에 사회적 기업을 공부하고 연구하는 젊은 대학생들의 모임 넥스터스의 회원들이 저 멀리 인도와 방글라데시를 직접 방문해서 사회적 기업에 관한 다양한 인물들과 기관들을 직접 만나고 방문하고 인터뷰했다고 한다. 그리고 이러한 스터디 투어의 결과물을 책으로 낸다고 하니 참으로 축하하지 않을 수 없다.

단지 책 한 권의 출간이 아니라 그 도전과 열정을 축하하고 싶은 것이다. 이들의 실험정신, 진취적인 노력들이 다른 젊은이들에게 사회적 기업, 아니 사회의 좋은 변화를 꿈꾸는 사업들을 위한 열병을 전염시킬 것이 틀림없다고 생각한다. 비록 사회적 기업의 실험이 이 땅에서 일천한 것은 사실이지만 오늘 이들 젊은이들의 도전 정신과 그 명백한 증거인 이 책《젊음, 세계 빈곤을 잡아라》로부터 한국의 사회적 기업의 역사가 달라질 것임은 의문의 여지가 없다. 거듭 넥스터스 회원들의 도전정신과 열정에 대해 경의를 표한다.(2008)

관광 천국,
제주에 대한 제언

"제주 생선회 서울보다 최고 60% 비싸"
"돌고래 쇼 관람료, 일본보다 66% 더 받아"
"가격 경쟁력 더 떨어져, 제주 관광 기피 요인"

최근 제주의 살인적인 물가와 가격을 비판하는 언론보도의 제목들이다. 그뿐이 아니다. 또다른 언론은 제주보다 자연조건이 좋지 않은데도 관광산업이 발달한 다른 아시아의 관광지를 보도하면서 제주도 관광산업의 현실을 개탄하고 있다.

면적이 제주도 3분의 1밖에 안되는 태국 푸켓 섬엔 한 해 외국인 관광객 300만 명이 찾아온다. 작년 마카오를 찾은 사람이 2,700만

명이나 됐다. 폭탄테러가 잦은 인도네시아 발리 섬도 외국인 관광객을 150만명이나 맞았다. 제주의 한 해 외국인 방문객은 50만명밖에 안된다. 500만명의 내국인 관광객으로 근근이 꾸려간다. 제주는 세계 자연유산에 오른 화산섬과 용암동굴을 비롯해 관광지로서 천혜의 조건을 갖추었다. 비행거리 2시간 안에 인구 500만 이상의 대도시가 18개나 된다. 그런데도 외국인 관광객은 푸켓 섬의 6분의 1밖에 안된다.

왜 그럴까? 단지 가격이 비싸서 그럴까? 그렇다면 나머지는 잘하고 있는 걸까? 제주도민들과 제주도 정책당국자들은 스스로에게 이렇게 물어야 한다. 나도 명예제주도민으로서 제주를 갈 때마다 여러 가지 상황을 유심히 살피고 대안을 생각해보기도 한다.

문제제기를 열 가지 해보겠다.

1. 영문 표지판은 제대로 되어 있나?

몇 년 전 제주도의 이곳저곳을 돌아다닐 기회가 있었다. 송악산 입구에 대장금 촬영지라는 간판이 붙어 있었는데 영어나 일어 등 외국어 표시가 전혀 없었다. 대장금은 한류 바람을 타고 전 세계에 알려져 있는데, 그런 대장금 촬영지를 보러 오기 위해 외국인 관광객이 한글까지 배워야 한다는 말인가. 제주는 외국인을 맞을 준비가 전혀 되어 있지 않았다.

2.태국의 최고 특산품, 친절

태국을 방문한 일이 있었는데 어떤 유인물을 보니 제목이 "태국의 특선 특산품 100"이라고 씌어 있었다. 그런데 첫 번째로 내세운 것이 놀라웠다. 바로 웃음이었다. "Smile-All the Smile"이라고 하는 것이 아닌가. 그러고 보니 태국의 호텔과 모든 관광업소의 종업원들은 늘 입가에 웃음을 달고 두 손을 합장하면서 관광객을 맞고 있었다. 이러니 어찌 푸켓과 방콕이 국제관광지로 발돋움하지 않을 수 있겠는가. 제주의 최고 특산품은 무엇인가 묻고 싶다.

3.스토리텔링은 제대로 되고 있는가?

런던에 일년 살아보기도 하고 여러 차례 방문하면서 참 신기하게 생각한 것이 있다. 셜록 홈스 박물관이 있는가 하면, 살인자로 유명한 잭 더 리퍼의 살인 현장을 따라 돌아보는 보트관광도 있었고, 런던의 최고 홍수와 그 피해 현장을 걸어보는 관광 상품도 있었다. 이렇게 모든 역사와 사람들과 스토리들이 관광자원으로 재창조되어 있는 것이다. 제주의 4·3사건, 제주의 전설을 따라 만들어진 이야깃거리와 관광상품은 얼마나 있는가?

4.제주에서는 무엇을 사갈 것인가?

일본의 도쿄도립대 교수 한 분이 한류붐을 따라 관광객의 일행이 되어 한국을 방문한 적이 있었다. 이분이 내린 결론은 한국의 한류붐의 과실을 한국은 하나도 못 따먹고 일본 여행사만 챙기더라는 것이다. 아무것도 사갈 것이 없더라는 것이 그의 소회였다. 런던에는 관광지에서 찍은 사진을 현대작가의 작품처럼 만들어주는 곳이 있다. 보통 작품 하나에 30만원쯤 하는 것으로 기억한다. 제주는 밀감, 갈치, 생수, 초콜릿 외에 어떤 비싼 관광상품이 개발되어 있는가?

5.제주시는 어떤 제주다움을 자랑하고 있는가?

유명한 관광지는 특별한 관광시설을 만들기보다는 그들의 삶 자체를 보여주고 있다. 그 지역의 역사와 전통, 그들의 집과 거리와 풍광, 그리고 그들의 소박하고 아름다운 삶이 사람들을 매료시키고 있는 것이다. 사실 자신의 것에 충실할 때 그 개성에 사람들은 감동받는 것이다. 제주시의 아파트와 거리와 집들과 간판과 더 나아가 제주사람들의 삶 자체가 외국인들을 매료시킬 만큼 충분히 전통적이고 제주다운가?

6.제주만의 교통수단이 있는가?

세계의 어느 유명 관광지를 가도 그 나름의 교통수단을 가지고 있다. 샌프란시스코의 전차는 말할 것도 없고 워싱턴의 수륙양용 관광차량, 도쿄 센소지나 인도 등지의 인력거까지 다양한 교통수단이 관광객들에게 아주 인상적인 체험을 제공한다. 제주도는 조랑말도 있는데 아직 이것을 타고 제주를 둘러보는 관광코스로는 만들지 못하고 있는 것 같다. 그 외에도 제주만의 특별한 교통수단을 개발해볼 여지가 있지 않을까?

7. 입소문은 천리를 간다. 제주는 단골을 만들고 있는가?

어느 곳이든 비슷하지만 손님을 일회용으로만 생각하는 경우가 많다. 그러니 온갖 바가지를 씌우고 박대한다. 심지어 손님을 의심한 나머지 접객업소에서는 미리 돈을 받는 곳도 많다. 간판도 크게 만들어 사람들을 유혹한다. 모두가 한탕하고 다시는 얼굴을 안 볼 태세다. 친절과 맛, 안락함을 팔아 진정한 단골로, 입소문 내는 홍보대사로 만들 생각은 처음부터 없다. 깊은 감동과 긴 여운을 주면 다음에 그 사람은 일개 사단을 거느리고 올지도 모른다. 제주의 호텔과 펜션, 제주의 식당들은 다른가?

8. 〈내셔널 지오그래픽〉에 제대로 광고한 적 있나?

외국인을 타깃으로 한다면 외국인들에게 제주를 제대로 홍보해야 한다. 미국의 한 대형서점에서 여행만 전문으로 다루는 잡지들을 몽땅 사 본 적이 있다. 거기에는 온 세계 나라들이 자기 나라, 자기 지역을 홍보하고 있거나 패키지 관광상품마저 나와 있었는데 유독 한국만은 찾아보기가 힘들었다. 심지어 홍콩, 일본, 싱가포르까지 오는 상품은 있는데 한국은 없었다. 내가 만약 제주지사라면, 내가 만약 제주관광을 담당하는 공무원이라면 〈내셔널 지오그래픽〉을 포함해서 이 잡지사 편집장들을 모두 초청하여 제주를 제대로 소개하고 맛있는 제주음식을 풀코스로 대접하겠다. 그러면 이 잡지들에 제주 기사들이 소개되지 않겠는가?

9.제주 공직자들은 큰 것에만 매몰되어 있지 않은가?

지난번 어느 마라톤 행사에서 제주의 한 고위관리를 잠깐 만났다. 이런저런 관광 이야기를 꺼냈더니 별로 관심 있게 듣지 않는 것 같았다. 만약 내가 그런 자리에 있다면 혹시 조금이라도 도움이 되는 이야기가 있을지 채근을 하고 글로 써 보내달라고 하지 않았을까? 제주는 지금 해군기지와 외국의 큰 의료시설을 유치하는 데만 열을 올리고 있다. 큰 건 하나로 제주 경제를 살려보겠다는 것이다. 그러나 나는 말하고 싶다. 작은 것이 아름답다. 작은 것부터 하나씩 차근차근 만들어가다 보면 아름다운 제주가 만들어지고, 그러다보면 제주에 관광객들이 몰리고, 관광천국 제주가 될 것이라고.

10.그래도 희망이 있다면?

그래도 제주에는 희망이 많다. 최근의 올레길이 희망을 증명한다. 서명숙 씨를 비롯한 뜻있는 개인들이 만들어낸 이 길에 사람들이 몰리고 있다. 제주의 바람과 풍경과 사람들을 가장 잘 체험할 수 있는 이 길이 인기가 있는 것은 당연하다. 바로 이것이다. 제주다움, 제주스러움, 제주 그 자체를 발굴하고, 정비하고, 복원하고, 보여주는 것이 바로 제주가 사는 길이다.

5

세상에서 소중한 것

진정 세상에서 귀한 것

나는 가끔 사람들의 삶은 이미 예정되어 있는 궤도 위를 달려가는 기차와 비슷하다고 생각한다. 그 궤도 위로 달리는 것이 운명적으로 예정되어 있는 듯 궤도를 벗어나 다른 길을 달릴 생각을 아예 하지 않는다. 그 궤도 외에는 다른 길이 없는 것처럼.

나도 그랬다. 어려서 부모님이 무조건 법대를 가라고 해서 갔고, 법률가가 되라고 해서 변호사가 되었다. 비교적 모범생이고 부모님 말씀을 잘 듣는 편이어서 부모님의 소원대로 따랐다. 많은 사람들이 선망하는 길이고 스스로도 자랑스러웠다. 평생 풍족한 생활과 특혜가 보장된 길이었다. 주변 선후배와 동료들은 대부분 그 권력을 즐기고 풍요를 만끽하고 있었다.

그런데 우연히 학교 시위에 참여한 것이 문제가 되어 제적도 당하

고 잠깐 감옥생활도 했다. 또 검사가 되고 변호사가 된 뒤에도 정의
감과 사회에 대한 의무감을 떨쳐내기 어려웠다. 민주주의와 좀 더
나은 사회, 좀 더 인간적인 사회에 대한 소망과 관심 때문에 한참 돈
벌 시기에 나는 변호사를 걷어치우고 외국 유학 길을 떠났다. 그리
고 그때 선전국의 법조인 역할을 보고, 시민운동에 관여하게 되었고
마침내 변호사를 완전히 그만두게 된 것이다.

처음 달리기 시작한 궤도를 이탈해 버린 것이다. 변호사로서 예정
되어 있는 길과는 딴판의 길을 선택한 것이다. 처음에는 다른 사람
이 가는 길을 가지 않고 사람이 별로 가지 않는 길을 가려니 불안하
고 초조한 적도 있었다. 그러나 이 길에 접어든 지 제법 세월이 흐르
면서 오히려 이 길로 오지 않았다면 어땠을까 할 정도로 보람과 행
복을 느끼고 있다. 변호사로 살아왔다면 지금보다 훨씬 풍족한 생활
을 했을 것이다. 시민운동가의 길은 배고프고 고통스러울 때가 많
다. 하지만 그것은 잠깐이고, 훨씬 더 큰 만족감과 행복을 느끼게 되
니 참 알다가도 모를 일이다. 사회정의와 공익을 위해 나름대로 힘
써 오기는 했지만 마음에 찰 정도로 충분하지는 못했다고 생각한다.
그런데도 세상 사람들이 너무 과분하게 생각해주니 오히려 민망할
정도다.

세상은 이렇게 역설적인 데가 있다. 남이 다 가는 길을 따라가면
마음은 편할지 모른다. 하지만 그것은 좀 지겹고 재미없을 것이다.
남이 가고자 하지 않는 길을 가는 것은 불안할지는 모르지만 훨씬
큰 보람과 의미를 찾을 가능성이 많다. 사실 남이 가는 학과를 가고
남이 하고자 하는 직업을 가지면 경쟁도 치열하려니와 이미 남들이

해놓은 것 때문에 자신이 정작 해야 할 일이 적어진다. 오히려 남이 가지 않는 길을 가는 것이 성공할 수 있는 지름길이 되곤 한다. 그 길이란 바로 세상의 탐욕이나 자기 이익을 좇는 것이 아니라 이웃을 위해 자신을 희생하는 길이다. 그것이 진정한 성공의 길이며 진정으로 가치 있는 삶이다.

　나의 부모님은 시골에서 흙을 파서 농사를 지으신 분들이다. 내가 깨어 있는 시간에 부모님이 주무시는 것을 보지 못했다. 그만큼 성실하고 근면하셨다. 그러면서도 남에게 해되는 일을 하신 적이 없고, 반대로 어려운 이웃을 보고 그냥 지나치지 않으셨다. 어릴 때 이런 부모님을 보고 자라면서 그것을 보고 배우는 것은 당연한 일이다. 나에게 별다른 재산을 물려주지 않은 부모님으로부터 기실 나는 엄청난 자산을 물려받았다. 바로 마음의 양식이고 인생을 바로 살 수 있는 지혜를 주신 것이다. 그 이상의 유산이 어디 있겠는가. 진정 나는 감사하는 삶을 살고 있다.

실패와 고난은 인생의 보약

"불행은 혼자 오지 않는다"는 말이 있다. 엎친 데 덮친 격으로 슬프고 힘들고 억울한 일들이 연속으로 일어나는 때가 있다. 왜 나만 이렇게 불행할까, 이럴 때 우리 입에서는, 왜 하필이면 이 고난이 나에게만 올까 하는 말이 저절로 나온다. 하느님이 무심하고 때로는 밉기조차 하다. 온 세상에 종말이 온 것처럼 느껴지기도 한다.

세상을 살다보면 어느 누구나 이런 일들이 한두 번은 있게 마련이다.

나는 비교적 젊은 나이에 그런 순간이 왔다. 대학에 입학한 지 얼마 안 됐을 때였다. 신입생으로서 특권을 누리며 하루하루가 즐거웠다. 〈뉴스위크〉를 끼고 다니며 영어공부에 취미를 들었고, 일주일에

208

두어 차례는 여대생들과 미팅을 즐기기도 했다. 사회학 개론 공부가 재미있어 이런저런 자료를 찾아보고 원서를 읽어댔다. 그러던 어느 날 개나리와 진달래가 서울대 관악산 캠퍼스를 화려하게 장식한 오후였다. 저녁에는 이화여대생과의 미팅이 잡혀 있어 아주 즐거운 마음으로 콧노래까지 흥얼대며 도서관 한 모퉁이에서 공부를 하고 있었다. 한참 후에 바깥이 하도 소란스러워 아래를 내려다보았더니 한참 데모가 벌어지고 있었다. 그런데 경찰이 너무 잔혹하게 진압하여 학생들이 피투성이가 되어 잡혀가고 야단이었다. 어린 마음에 도저히 참을 수가 없어 나도 나가 다른 학우들과 함께 경찰을 교문 밖으로 밀어내고 거기서 한동안 대치하였다. 얼마 후 경찰이 병력을 증강해 밀어붙였고 앞에 섰던 수백 명의 학생들이 체포되었다. 그 안에 내가 끼여 있었다. 물론 주동자들은 이미 도망친 후였다.

완벽한 면학분위기가 조성된 영등포구치소

동양 최대라고 하는 남부경찰서에 연행되었다. 잠깐 데모에 참여한 것뿐이니 곧 나올 수 있으리라는 예측은 빗나갔다. 긴급조치 9호가 선포된 직후여서 당국의 조치는 엄했다. 나는 구속되었고 학교에서도 제적되었다.

남부경찰서로 면회를 오신 부모님의 얼굴을 뵐 용기가 나지 않았다. 서울대 합격했다고 동네잔치까지 한 마당에 몇 달도 지나지 않아 그 자식이 반정부 데모로 감옥에 갔으니 우리집은 그야말로 초상집으로 변했다. 시골에서 농사를 짓던 부모님이 땀 흘려 농사지어 겨우 자식을 서울로 보내 공부를 시켰는데 이런 꼴을 보자고 그렇게 생고생을 하셨단 말인가.

남부경찰서 유치장에서 보낸 첫날을 나는 잊지 못한다. 그날 경찰관들이 보다 남은 신문 한 조각을 옆에서 훔쳐보았는데 독산동에서 강도살인 사건이 일어났다는 보도가 있었다. 그런데 하필이면 그 강도살해범이 바로 우리 유치장 방에 들어온 것이다. 혹시나 그놈이 내 옆에서 자다가 내 목을 졸라 죽이면 어떡하나 하는 생각이 들어 나는 내 잠자리를 일찌감치 멀리 잡아놓고 있었다. 이런 생활을 한 달쯤 하다가 다시 영등포구치소로 옮겨갔다.

두어 달쯤 지나니 적응이 되기 시작했다. 무엇보다도 행복한 것은 영치되는 책을 읽을 수 있다는 것이었다. 한창 상상력이 약동하는 시기에 감옥 안에서 읽는 책은 그대로 살이 되고 피가 되는 느낌이었다. 이때 읽었던 헤겔의 철학서들, 마르쿠제의 《이성과 혁명》, 리스먼의 《고독한 군중》 등은 지금도 기억에 생생하다. 끙끙대며 읽었지만 사회과학적 용어와 문장에 친해지는 기간이기도 했다. 그 외에도 다양한 소설과 에세이 등에 큰 감명을 받았다. 성경도 꼼꼼하게 묵상하며 읽었고, 김동길의 《사반의 십자가》나 헤세의 《싯다르타》 등은 종교적 열정과 번민을 안겨 주었다. 아마도 감옥을 가지 않았더라면 대학시절 4년을 모두 합쳐도 못 읽었을 책들을 그 4개월에 다 읽었다. 감옥은 그야말로 완벽한 면학분위기가 조성된 곳이었다.

어디 책뿐이었겠는가. 나는 미성년자 방에 있었는데, 동년배 비행청소년들과 많은 대화를 나누었다. 처음에는 험악하고 무서울 줄 알았는데, 사실 이들의 심성은 너무나 착하고 단순했다. 실형이 확정되면 징역보따리에 치약, 비누 등을 가득 모아 그것을 짊어지고 새벽녘 김천소년교도소 등으로 떠나는데 그때쯤이면 언제 다시 만날 수 있을지 서로 부여잡고 눈물을 흘리기도 했다.

돈으로도 사지 못할 귀한 체험

이영희 선생은 어느 책에서 "모든 판검사는 0.75평짜리 감옥에 살아보아야 한다"고 일갈하셨다. 그런 생활을 해보지 않고서는 자신이 구형하고 선고하는 형량의 의미를 진정으로 알기 어렵다는 것이다. 행복하게도 나는 일찌감치 그런 체험을 하였다. 나는 젊은 시절, 인생의 막다른 골목에서 만났던 수많은 불행한 삶들을 느끼고 이해하고 함께할 수 있었다. 법조인으로, 사회운동가로 돈을 주고도 살 수 없었던 귀한 체험을 한 셈이다.

4개월쯤 후에 석방은 되었지만 제적 문제는 쉽게 풀리지 않았다. 계속 이런저런 고난이 이어졌지만 이미 인내력을 터득한 후라 괜찮았다. 출옥 후 이렇게 저렇게 방황했던 시절과 뒤이은 고시공부 시절 역시 내게 많은 경험을 주었다. 나는 검사생활도 했고 인권변호사 활동도 했다. 해외에서 2년간 유학생활도 했다. 그리고 마침내 시민운동가가 되어 참여연대 사무처장, 아름다운재단, 아름다운가게 상임이사로서 한국의 시민사회에 발을 디뎌 이런저런 역할도 해낼 수 있었다.

고난은 쓰지만 인생을 위한 보약

이 모든 과정에서 젊은 시절 나의 감옥생활은 늘 내게 큰 용기와 격려가 되었다. 어린 시절에 어느 정도 산전수전을 겪었던 터라 두려운 것이 별로 없었다. 억지이기는 하였지만 시대의 한가운데로 밀려가 우리 시대의 중심적 과제가 무엇인지, 내가 할 역할이 무엇인지를 알게 되었다. 가끔은 상상해 본다. 내가 감옥을 가지 않았더라면 하고. 그러나 나는 감옥 경험 없는 내 인생을 상상하기 어렵다. 감옥을 가지 않았다면 오늘의 내가 없었을 것이다. 아마도 나는 사법고시에 합격해서 검사가 되어 지금쯤은 검사장이 되어 있었을지도 모른다. 때로는 정직하고 의로운 사람을 억울하게 구속했을지도 모르고, 누군가의 로비를 받고 떡값을 받았을지도 모른다.

그러나 나는 감옥을 경험하였고 갇힌 자가 되었으며 약자와 함께 보낸 추억을 가지고 있었기 때문에 늘 인생에서 약자의 편이 되고자 하였고 바른 생각을 하고자 노력하게 되었으며 역사의 중심에서 세상의 변화를 꿈꾸고 실천하게 되었다. 감옥의 고통과 고난은 이렇게 나에게 영원히 마르지 않는 영감과 결의와 열정을 샘솟게 해주는 즐겁고 아름다운 추억이 되었다. 고난은 쓰지만 인생에게는 좋은 보약이다.

청년이여, 도전하라! 고난과 고통을 향해

요즘 공무원시험과 교사시험에 매달리는 청년들이 많다는 얘기를 들었다. 가장 안정된 직업이기 때문이라는 말을 듣고 실망을 금할 수 없었다. 아니, 우리 사회의 미래에 대해 큰 걱정이 들었다. 패기만만하고 도전의식으로 가득 차 있어야 할 젊은이들이 벌써 안정된 직장이나 찾고 있다니!

실패와 절망을 두려워하지 않는 도전의식과 세상을 집어삼키겠다는 이상과 열정이 젊은이들의 자산이다. 실패와 시행착오는 늘 좋은 경험과 지혜를 선물한다. 실패와 그것이 가져올 고난에 대해 두려워하지 말라. 젊어서는 사서라도 고생하라는 선인들의 조언은 결코 틀린 말이 아니다. 젊어서 겪은 고난이야말로 인생에 두고두고 도움이 되는 보약이다. 도전과 실패, 고난과 좌절―그것은 우리의 삶을 훨씬 아름답고 보람차게 만드는 필수불가결인 요소이다. 그러므로 청년들이여, 도전하라! 고난과 고통을 넘어 도전의 세계를 향하여!(2008)

인생의 낮은 자리
또는 가장자리로 가라

언젠가 서울대 동창회에서 전화가 왔다. 동창회에 나오라고. 나는 학교를 몇 달밖에 못 다녔기 때문에 동창이라고 할 수 없다고 했다. 그랬더니 입학만 하면 동창회원 자격이 있다고 하면서 굳이 나오라고 강청했다. 결국 나가지 않았다. 사실 나는 서울대를 3개월도 채 못 다녔다. 1975년 학교 입학 후 얼마 되지 않아 교내시위에 연루되어 제적당하고 감옥까지 갔다. 긴 세월 동안 복학이 허용되지 않았다. 방황의 세월이 지속되었다. 1980년 복학하라는 통지가 왔지만 이번에는 내가 거절했다. '언제는 쫓아내고 이제 다시 오라니!' 마음 한가운데로부터 이런 북받침이 치밀어 결국 복학을 하지 않았다.

이렇게 젊은 대학생의 꿈은 회색 담벼락에 갇혀 무참하게 깨지고 말았지만 지금 생각해보면 나는 그때의 불운을 참으로 다행스럽게

여긴다. 감방 속에서 나는 엄청난 독서를 했다. 말리는 사람도 없었고 술 먹자는 사람도 없었다. 연애는 물론 할 수 없었다. 가족과 친구들이 영치해준 책을 읽는 데 전념할 수밖에 없었다. 비록 몸은 감옥 속에 갇혔으되 영혼은 자유롭기만 했다. 출옥 후에도 독서에 몰두했다. 복학이 되지 않았기 때문이었다. 감옥 안과 밖의 다양하고 집중적인 독서는 젊은 시절 상상력이 약동하던 나에게 정신적인 보약이 되었다. 그후 제법 나이가 들어 다른 대학에 들어가기는 했지만 제대로 공부하기는 어려웠다. 그러나 이 시절의 독서는 사실상 고졸 출신에 지나지 않는 나를 동서고금의 현인들과 선지식과 대화하고 교류하게 만들었다.

사실 그때는 참으로 고통스러웠고 힘들었다. 무엇보다도 서울대 들어갔다고 좋아하셨던 시골의 부모님께 큰 불효를 저질렀다. 친구들은 모두 멀쩡하게 대학을 다니는데 나 혼자 집안에서 뒹구는 게 진짜 힘들었다. 그야말로 '청년 실업자'였고 동네사람들의 눈총 받는 '문제학생'이었던 것이다. 그러나 그때의 실의와 좌절, 방황과 분노, 독서와 명상은 모두 나의 미래의 자양분이 되었다. "젊어서 고생은 사서라도 하라"는 선인들의 말은 참으로 타당한 것이었다.

여전히 많은 학생들은 서울대학교를 들어가기 위해 안간힘을 쓰고 있고, 고시에 합격하기 위해 모여든 젊은이들로 신림동은 북적댄다. 좋은 학력과 자격을 얻기 위해서다. 그러나 학력과 자격은 단지 외형일 뿐이다. 그것만으로 내용을 담보할 수는 없다. 좋은 대학을 나오고 자격을 갖는다는 것은 이 세상을 편하게 살아갈 수 있는 작은 증명서는 될 수 있다. 그러나 그것은 결코 인생의 진정한 성공의 조건이 될 수는 없다.

서울대생은 그 '증' 하나만으로 평생을 울궈 먹고 살 수 있다. 어떻게든 그 문으로 들어갔다가 나오기만 하면 그 머릿속에 무엇이 들었든 먹고사는 데 지장이 없다. 거기에다가 고시를 합격하면 금상첨화다. 그러다보니 그 좋았던 두뇌와 입시경쟁에서 치열했던 노력은 오히려 자신의 인격을 수련하고 독서로 영혼을 풍부히 하는 데 쓰지 못한다. 자신의 이기적 삶을 위해 모든 것을 바치면서 정작 우리 이웃들에게 눈을 돌리는 데는 인색하게 된다. 내가 활동하고 있는, 찬 바람이 쌩쌩 부는 NGO 동네에는 약에 쓰려고 해도 서울대생을 찾기가 어렵다. 오죽하면 '서울대 폐지론'이 나올까.

나는 오히려 서울대생들에게 이렇게 권하고 싶다. "그대들 같은 젊은 나이에 따뜻하고 아름답고 멋있는 경험과 장면 대신에 가장 추운 가장자리 또는 낮은 아랫자리에서 가장 쓰라리고 고통스럽고 거친 고통과 고난을 경험하라"고. "남이 부러워하고 멋있는 경력과 자격을 취득하기에 앞서 상상력과 창조성과 지식으로 속이 꽉 찬 삶을 꿈꾸고 실행해 보라"고. 그리고 저 시골 거창고등학교 강당에 있다는 직업선택의 십계명을 음미해 보고 실천해 보기를 권한다. "월급이 적은 쪽을 택하라, 승진의 기회가 없는 곳을 택하라, 처음부터 시작해야 하는 황무지를 택하라, 아무도 가지 않는 곳으로 가라, 장래성이 전혀 없는 곳으로 가라, 사회적 존경 같은 건 바라볼 수 없는 곳으로 가라, 부모나 아내나 약혼자가 결사반대하는 곳으로 가라, 한가운데가 아니라 가장자리로 가라, 왕관이 아니라 단두대가 기다리는 곳으로 가라."(서울대 학보 게재)

216

나누는 아이가
좋은 세상을 만듭니다

　나는 아주 가난한 농촌 마을에서 자랐습니다. 부모님은 평생 농사를 지어 우리들을 공부시켰습니다. 그야말로 찢어질 정도로 가난한 집안이었죠. 어머님이 우리 동네로 시집올 때는 땅 한 평이 없었다고 합니다. 그래도 우리 부모님은 남의 토지를 임대해서 열심히 경작해서 농토도 마련하고 드디어 우리 집을 짓게 되었답니다. 그런데 한국전쟁이 터졌어요. 부모님은 어린 자식들을 데리고 밀양으로 피난을 나갔답니다. 돌아와 보니 집은 불타 없어지고 가재도구가 하나도 남아 있지 않았지요. 문제는 재가 되어버린 것 중에 땅문서도 있었다는 사실입니다. 그때만 해도 땅문서가 없으면 권리를 증명할 방법이 없었던 시대였습니다. 토지 대금을 내놓으라는 동네 최고부자인 황부잣집의 성화에 못이겨 다시 땅값을 내놓았답니다. 두 번 산

셈이 되는 것이지요.

세월이 한참 흘러 황부잣집은 망하고 그 많던 토지는 모두 사라지고 말았답니다. 도시에 사는 자식집에 갔다가 그 자식마저 망해서 동네로 다시 돌아왔습니다. 거주할 곳은 없고 결국 동네 제실에 거주하게 되었습니다. 어느 날 어머니로부터 전화가 왔습니다. 지금 황부잣집 할머니와 서로 화해하고 점심을 해서 함께 먹고 있노라고 말입니다. 저는 참 잘하셨다고 어머님의 통 큰 사랑과 관용을 칭찬해 드렸습니다.

부모님께 물려받은 '나눔'의 정신

아주 가난한 시골이었지만 헌신적인 부모님의 노동과 노고 때문에 저희들은 모두 대학까지 다닐 수 있었습니다. 나는 지금 그만두기는 했지만 변호사까지 되었고, 형님은 대학교수가 되었습니다. 농사만 지었던 부모님이 온 몸과 마음을 희생하여 뒷바라지한 덕분이었지요. 그러나 그것뿐만이 아니었습니다. 우리나라 속담에 조상의 음덕(蔭德)이라는 말도 있고 삼대적선(三代積善)이라는 말도 있습니다. 저는 이 말을 믿습니다. 왜냐하면 부모가 선을 행하고 좋은 일을 하는데 자식이 그것을 안 따라 할 리가 없는 것이지요.

내가 어린 시절에는 아직 1960년대, 1970년대 우리나라가 가난의 굴레를 벗어나지 못하던 때라서 그런지 유독 거지들이 많았습니다. 한두 명도 아니고 매일 10여 명씩 대문에 와서 구걸을 했습니다. 이른바 동냥바가지를 들고 서 있으면 그 안에다가 내가 보리쌀을 조금 떠다가 넣어주었습니다. 더 정확히 말하면 어머님이나 누님이 우리

집 쌀독에서 떠주시면 내가 심부름을 한 것입니다. 여인들이 외간남자를 직접 맞닥뜨리지 않는 것이 당시의 시골 풍습이었기 때문입니다. 어느 때는 그 쌀독에 쌀이나 보리쌀이 거의 남아 있지 않아 바닥 긁는 소리가 다글다글 나는데도 저희 부모님은 한번도 거지를 그냥 돌려보내지 않았습니다. 우리가 식사 중일 때에는 밥과 반찬을 떠주기도 했습니다.

가난한 집이었지만 저희 집에는 사랑방이 있었습니다. 거기에는 늘 동네 어르신들이 저녁이면 놀러와 밤늦게까지 놀다가 가시곤 했습니다. 특히 농한기에는 오셔서 잡담도 하고 때로는 놀이 화투를 하기도 하였습니다. 그런데 때로는 이 동네를 지나가는 과객이 있으면 이 방에서 아버님과 나와 함께 자기도 했습니다. 사랑방은 늘 열린 공간이고 무료 숙박이 가능한 곳이었습니다. 오늘날 서울에서 지나가는 사람이 좀 자고 가자고 어느 아파트 집에 들어가는 일이 가능하겠습니까?

나는 주무시는 부모님을 본 적이 없습니다. 아침 일어나면 부모님은 이미 들판에 나가 계십니다. 이미 해가 중천에 떴는데 나는 눈을 부스스 비비며 혼자서 일어나기 일쑤였습니다. 아니면 학교 늦겠다고 하면서 깨우셔서 일어나 보면 이미 아침상은 차려져 있곤 했습니다. 졸려 잠자리에 들면 그때까지 부모님은 새끼를 꼬거나 옷을 집고 계셨습니다. 한번도 여유 있게 쉬거나 코를 골며 주무신 적이 없습니다.

초등학교 때는 십리 길, 중학교 때는 삼십리 길을 걸어다녀야 했습니다. 집을 나와 고갯마루도 넘고 낙동강 가도 지나야 했습니다.

들판도 건너고 국도도 지났습니다. 저수지를 지나고 산비탈을 타기도 했습니다. 그런데 그때에는 왜 그렇게 추웠는지 그야말로 살을 에는 듯했습니다. 그런데 늘 아침에는 아버님이 내 신발을 쇠죽솥 뚜껑 위에 올려놓곤 했습니다. 따뜻하게 데워진 신발을 신고 가는 삼십리 길이 내내 따뜻했습니다.

이런 부모님의 사랑을 받고 성실함을 보고 자란 내가 잘못될 수가 없었습니다. 방탕하고 나쁜 길을 갈 수가 없었습니다. 게으름을 피울 수가 없었습니다.

원래부터 그러지는 않았습니다. 누나가 넷이고 여동생이 하나, 형님이 있는 집안에서 태어난 나는 늘 귀염을 받고 자랐습니다. 특히 아들이 귀한 집안에서 태어나 부모님과 누이들의 사랑은 끔찍했습니다. 그것이 지나쳐서 나는 개구쟁이로 악명을 떨치게 되었답니다. 안하무인이고 고집이 셌고 늘 배려 받다보니 남을 배려하는 마음이 없었습니다.

중학교까지 걸어가기 위해 동네 고갯마루 위에 올라선 어느 날, 부모님이 저 아래에서 가을걷이를 하기 위해 부지런히 논을 오가시는 모습이 눈에 들어왔습니다. 웬일인지 갑자기 눈물이 왈칵 쏟아졌습니다. 늦게 둔 아들이 아직 중학교를 다니는데 아버님은 이미 환갑이 가까워져 있었습니다. 남들은 환갑잔치에 며느리와 손자들이 축하 잔치를 크게 하는데 우리는 그럴 형편이 아니었습니다. 며느리와 손자는커녕 아직 저희들 뒷바라지에 저렇게 땀을 흘리고 계셨던 것입니다.

그때부터 나는 완전히 다른 사람이 되어 있었습니다. 갑자기 집

나간 탕아가 집으로 돌아온 격이었습니다. 미친 듯이 공부했고 부모님에 대한 호칭부터 바꿨습니다. 고등학교를 진학하기 위해 서울로 올라왔습니다. 누님 집이 있기는 했지만 학원과는 거리가 멀었습니다. 아예 독서실에서 지냈습니다. 의자에 앉은 채로 잠을 청하기도 했고 한달 동안 발을 씻지 못하기도 했습니다. 영어와 국어 교과서를 통째로 외웠고 심지어 문제집까지 외웠습니다. 드디어 대한민국 모든 학생들이 선망하는 고등학교 들어갈 수 있었습니다. 대부분의 아이들이 좋은 중학교를 나오고 과외를 하는데 과외는커녕 제대로 먹지도, 자지도 못하는 실정이었습니다. 그래도 부모님의 사랑과 성실은 그 어떤 과외보다도, 그 어떤 식사와 잠자리보다 더 좋은 교훈이고 채찍이고 힘이었습니다.

나눔은 습관이다

나는 나눔은 습관이라고 믿습니다. 어릴 때부터 나누어본 사람만이 나중에 사회에 나와서도 나눌 수 있습니다. 나중에 아무리 돈을 많이 벌고 나눌 수 있는 위치에 있어도 쉽게 나눔을 실천할 수 없습니다.

뿐만 아니라 나누는 사람이 진정으로 성공한 삶을 살았다고 나는 생각합니다. 그래서 《성공하는 사람의 아름다운 습관, 나눔》이라는 책을 쓰기도 했습니다. 전우익 선생이라는 분은 《혼자만 잘 살믄 무슨 재민겨》라는 책을 남기기도 했습니다. 정말이지, 혼자만 잘 먹고 잘 살면 무슨 재미가 있습니까? 그 삶이 무슨 의미가 있습니까? 그것은 비단옷을 몸에 감고 밤길을 가는 것이나 마찬가지입니다. 삶은 나눔입니다. 함께 살아가는 것입니다.

저는 한때 일류학교를 나오고 사법고시를 합격하고 검사를 했습니다. 변호사를 개업한 뒤 제법 돈도 벌었고 집도 샀습니다. 탄탄대로가 열려 있는 듯했습니다. 그러나 어느 순간 깨닫고 보니 그 길은 의미가 없어 보였습니다. 내 집을 키워가고 좋은 자동차를 타고 별장을 사고 은행에 두둑한 통장을 두는 것은 하나의 탐욕의 길이었습니다. 그것보다는 가난하고 억울하고 약한 사람들과 함께 그들을 부축하고 그들을 돕는 것이 훨씬 보람있고 재미있는 길이었습니다.

그래서 시민운동가가 되었습니다. "시민의 힘이 세상을 바꾼다"는 캐치프레이즈를 내걸고 참여연대를 설립하였고 1% 나눔운동을 주창한 아름다운재단과 '나눔과 순환'의 이념을 내세운 아름다운가게도 만들었습니다. 이 모든 활동도 어릴 적 부모님의 선행과 나눔의 생각과 습관을 옆에서 보고 배우고 따라한 것에 지나지 않습니다. 나눔은 습관입니다.

아름다운재단에서는 '나눔교육' 운동을 벌이고 있습니다. 나눔캠프, 나눔교사연수회를 열기도 하고 선행 기입장도 만들어 배포하고 있습니다. 다행히 요즘 젊은 부부들은 자신의 아이들에게 나눔을 많이 권유하고 있습니다. 아이들의 이름으로 기금을 만들어 매달 기부하기도 하고 돼지저금통을 좋은 단체와 재단에 보내기도 합니다. 판소리에 천재적인 재능을 가진 오태평양 군의 어머니는 아이가 재능에 도취한 나머지 자만심을 가지고 사람들을 돌보지 못할까 보아 그 재능을 나눈다고 했습니다. 몇 번인가 우리 아름다운재단 행사에 참석하여 무료로 판소리 공연을 열기도 했습니다.

사실 나눔은 자기가 가진 것을 남에게 나누어주는 것이니 희생이고 손해일지 모릅니다. 그러나 나눔은 다시 큰 이익으로 자신에 돌아옵니다. 참 묘하게도 그것은 진리입니다. 진심으로 다른 사람을 배려하고 자신이 가진 것을 다른 이에게 나누는 사람에게는 복이 돌아옵니다. 모든 것을 버리는 사람은 세상을 모두 얻고, 적게 버리는 사람은 적게 얻고, 버리지 않는 사람은 아무 것도 얻지 못합니다. 자기를 희생하고 버리는 사람은 많은 사람들의 존경을 받고 사회적 리더가 됩니다. 자기만 챙길 줄 아는 사람은 진정한 리더가 될 수 없습니다. 잠깐 그런 자리에 있다고 하더라도 그 자리에 오래 있을 수 없습니다. 많은 사람들에게 존경받는 사람은 자기를 버리고 다른 사람을 위해 사는 사람들입니다. 나눔의 리더십, 헌신의 리더십이 가장 소중한 시대입니다.

내 인생의 가장 소중한 선물

이상한 노사분쟁

나는 참 복 받은 사람, 복 많은 인생임에 틀림이 없다. 사무실로 늘 이런저런 선물이 온다. 그중에는 책도 있고, 물건도 있다. 명절 때에는 더 많다. 그러나 대개 나는 이런 것들을 나 자신을 위해서 쓰거나 집으로 가져가지 않는다. 나보다 더 귀하게 쓰일 수 있는 사람들에게 다시 선물하는 것이 더 잘 쓰는 일이라고 믿기 때문이다. 그래서 그것을 곧바로 아니면 모아두었다가 나와 함께 일하는 간사들에게 주거나 아니면 우리 희망제작소의 행사에 사용한다.

어찌 보면 내 인생에서 가장 큰 선물은 그런 물건들이 아니라 바로 나와 함께 일하는 사람들이다. 어찌 사소한 물건들에 사람을 비유하랴. 한번은 이런 일이 있었다. 아름다운재단에서 일하는 간사들의 월급은 다른 직장보다는 낮다. 물론 기업의 직원들에 비하면 절반도 안 된다. 아이들이 하나 둘 생기고 가장이 되는 간사는 이런 단체에서 일하기가 힘들 정도다. 그래서 이직도 생긴다. 이런 형편이라 매년 나는 제발 급여 좀 올려라 이렇게 통사정을 한다. 그러면 간사들은 스스로 회의를 한 다음 나에게 이렇게 윽박지른다. "우리가 조사해보니 우리 임금이 결코 적은 것이 아니다. 우리보다 적게 받는 사회복지사도 많고 아직 참을 만하다"면서 내 요청을 거절한다. 나는 이렇게 몇 해 동안 임금협상에서 지곤 했다. 노사관계가 늘 거꾸로 진행되어 온 것이다.

'철밥통'을 꿈꾸는 요즘 젊은이들

따지고 보면 얼마나 행복한 일인가. 우리의 처지에 대한 고려 없이 해마다 임금 때문에 함께 일하는 사람들과 언제 끝날지 모를 지리한 싸움을 해야 하는 직장에서 내가 근무를 한다면 나는 어찌 할 것인가. 어쩌면 너무 지친 나머지 편안한 직장으로 옮겼을지도 모른다. 나는 아직 변호사 자격증도 있고 대형 로펌에 가면 남부럽지 않은 월급을 받을 자신은 있다. 그러나 세상을 돈으로만 살 수 있는 것은 아니지 않은가.

'자기 혼자 잘 먹고 잘 사는 삶을 위하여 모두가 안정되고 급여 많은 직장을 찾아가는 세태'가 우리사회를 지배하고 있다. 그래서 대기업이나 공무원, 교사 자리가 인기라고 한다. 이른바 '철밥통' 자리이기 때문이다. 이런 자리를 차지하면 꼬박꼬박 월급 나오고 특별한 일이 아니면 쫓겨날 염려가 없는 것이다. 그러나 생각해보라. 과연

돈보다 더한 가치가 있는 삶을 위해 함께해온 사람들은
우리 모두에게 인생에서 가장 큰 선물이다.

이런 나라가 희망이 있는가. 젊은이들이 모두 자기 일신의 삶이나
챙기는 이기적 삶을 결단할 때 우리 사회는 약육강식 사회가 되고
말 것이다. 비정하고 혼란스럽고 대립과 갈등이 존재하는 사회가 되
고 말 것이다. 남과 이웃을 생각하고 사회를 위해 일하겠다는 젊은
이도 많이 나와야 한다. 그래야 사회가 균형 있게 발전하고 서로가
화합하고 힘을 모을 수 있다.

　먹을 것을 걱정하는 젊은이들에게 나는 성경을 인용해 말한다.
"공중에 나는 새를 보라. 농사를 짓지 않으며 곡식 모아 곳간에 들여
놓은 것 없어도 세상 주관하는 하느님이 먹여주시니 너희 먹을 것을

위해 근심할 것이 무엇인가." 미물인 새조차도 그런데 하물며 인간에 대해 말해 무엇하겠나.

인간은 원래 살기 위해서 먹는 것이지 먹기 위해 사는 것은 아니다. 그러나 사람들은 이것을 혼동한다. 교육이 이런 잘못된 생각을 부추긴다. 부를 향한 경쟁을 유발하고 남을 억누르고 자신이 그 위에 올라서는 것을 가르친다. 그러다 보니 남을 위하고 배려하는 힘이 사라진다. 이런 사회에서 자살률 1위, 이혼율 1위라는 악명이 생겼다. 사람과 소통하고 배려하고 서로가 '윈윈' 하는 관계를 맺어갈 줄을 모르기 때문에 생겨나는 현상이다.

최고의 선물은 바른 사람들

돈보다 더한 가치가 있고, 그 가치를 위해 사는 삶은 훨씬 더 큰 보람을 주게 마련이다. 그 가치와 보람을 위해 함께 흔쾌히 나와 함께 일할 수 있는 사람들이야말로 내 인생에서 가장 큰 선물이다.

나는 지금까지 살아오면서 역사문제연구소, 참여연대, 아름다운재단, 아름다운가게, 희망제작소에 이르는 여러 단체를 만들고 일정한 성취를 이루어왔다. 그 길을 함께한 꿈 많은 젊은이들은 늘 나의 동료였고 지지자들이었고 동반자였다. 그들은 거칠고 힘든 과정들을 모두 용케 참아주고 돌파하기도 했다. 이들의 꿈과 열정, 실천이 함께하지 않았다면 나의 삶도, 성취도, 보람도 없었을 것이다. 나에게는 이들이 가장 큰 선물이다. 그러나 그 선물에 대해 보답한 적이 없었으니 언제 저 천국에서나 보자고 해야겠다.

내 인생의 에너지
─공공선

　사람은 무엇으로 사는가? 아무런 지향 없는 삶은 없다. "부평초 같은 인생"이라는 말이 있지만 '부평초'와는 달리 인간은 일정한 방향을 갖고 산다. 그런 지향과 방향을 잃어버렸을 때 인간은 방황하고 좌절한다. 하지만 곧 다시 방향감각을 되찾고 새로운 삶을 시작한다. 물론 그 방향은 제각각 다르게 마련이다. 좀 더 많은 부를 누리기 위해, 좀 더 많은 지식을 얻기 위해, 좀 더 높은 덕을 쌓기 위해 사람들은 살아간다. 오늘보다는 나은 내일을 위해 모두들 노력한다. 그 경쟁 속에서 날이 새고 진다.

　대학시절 학생운동을 하다가 우연히 감옥을 가게 되었다. 학업의 중단은 나 자신에게 큰 손실이었고 부모에게 큰 불효였다. 그러나 그 몇 개월 동안은 캠퍼스 생활에서 얻을 수 없는 많은 진리를 깨달게 해주었다. "갈 데까지 간 인간 군상" 속에서 올바로 산다는 것이 무엇인지를 수없이 고민하였다. 인생은 무엇이 되기 위해서가 아니라 무엇을 위해 살아야 하는지가 중요한지 알게 되었다. 그리고 자신의 개인적 이익보다는 사회공동체의 공익을 위해 일하는 것이 가장 보람차다는 것을 깨닫게 되었다.

그후 나는 인권변호사와 시민운동가의 길을 걷게 되었다. 변호사로서의 편안한 삶을 포기하는 것은 적지 않은 고통이었고 좌절이었다. 그러나 고통 받는 이웃과 함께 나누고 우리 사회의 공동선을 위해 고뇌하는 일은 보람으로 가득 찬 것이었다. 그것은 남을 위한 것이 아니라 바로 자신을 위한 일이었다. 자신의 집과 자동차를 좀 더 좋은 것으로 바꾸고, 자신의 배를 불리는 일보다 더욱 즐거운 것이었다. 누군가를 위해 크고 작은 돈을 기부하고 그 누군가를 위해 시간을 내 자원봉사 하는 일은 기실 그 자신을 위해 하는 일이다. 시민운동가가 된 나 때문에 많은 것을 포기한 가족조차도 처음에는 고통스러웠던 경험을 즐겁고 아름다운 보람으로 승화할 수 있었다. 누가 강제해도 갈 수 없는 길이고 돈을 주어도 할 수 없는 일이다. 자기 입에 넣을 밥을 걱정하기보다 밥을 굶는 이웃을 걱정하는 일만큼 사람을 더욱 살아 있게 만드는 일은 없다. 이제 이 길은 누구에게도 양보할 수 없는 내 인생의 길이 되었다.

아름다운 세상의 조건

오늘 우리사회는 극도의 갈등과 투쟁으로 갈라져 있다. 좌우의 갈등, 지역적 대결, 노사대립-그야말로 만인 대 만인의 투쟁이라는 말이 적절할 정도로 서로 싸우고 으르렁거린다. 국민 모두가 불안하게 느낀다. 나라의 미래가 걱정이다. 더욱 심각한 것은 이런 다양한 이견과 갈등을 조정하고 여론을 모아가야 할 정치권이 먼저 적대관계를 형성하고 있다.

이 갈등과 투쟁의 이면에는 상호불신이 깔려 있다. 더구나 누가 뭐래도 우리 국민들은 정치권과 우리사회 지도층을 믿지 않는다. 그것은 그동안 보여왔던 지도층의 행태가 증명하고 있기 때문이다. 그들 가운데 부패를 통해 자신의 안일과 부를 도모해 온 경우가 많았다. 심지어 이 바람직하지 못한 행태는 언론이나 법조계, 심지어는 종교계까지 확산되어 왔다. 교회의 세습이 바로 그런 움직임 중의 하나다.

이런 상황에서 우리사회를 평화롭고 동질적인 사회로 바꾸기 위해서는 국민 모두, 그중에서도 특히 사회지도층의 자기희생과 헌신의 정신이 필요하다. 자기가 챙길 것을 다 챙긴 다음에 무슨 말을 한다한들 누가 그것을 믿고 따르겠는가. 오늘날처럼 노블레스 오블리주라는 말이 간절한 때는 없었다.

그러나 자기희생은 결코 지도층에게만 해당되는 것이 아니다. 가족 간에, 친구 간에, 그 누구든 간에 꼭 필요한 덕목이다. 우리가 좀 더 자신을 숙이고 양보하고 희생한다면 가족관계는 훨씬 두터워질 것이고, 친구 사이의 우정은 훨씬 더 깊어질 것이다. 결혼한 쌍 가운데 3분의 1이 이혼한다는 이 끔찍한 자료를 보면서 조금 더 참고 인내하고 자신이 손해 본다는 생각을 했으면 하는 아쉬움에 가슴이 막힌다.

상대방을 탓하는 사람은 결코 자신의 결함을 보지 못한다. 우리 국민 모두가 자신부터 먼저 반성하고 자신부터 솔선수범하고 자신부터 손해 보는 일을 한다면 오늘의 이 불안과 혼란은 당장 그칠 것이다. 사실 자기가 손해 보는 일을 한다는 것은 쉬운 일이 아니다. 그러나 길게 보면 자신이 조금 손해 보는 것이 더 큰 이득을 보장하게 마련이다. 눈앞의 이익을 챙기는 데 급급한 것은 작은 장사꾼이나 소인배의 짓이다. 좀 더 큰 것을 이루는 사람은 작은 이익을 버리고 큰 이익을 취한다. 버리면 얻는다는 교훈, 그것은 결코 초월자나 신앙인의 신념일 수 없다. 자기희생과 헌신이야말로 오늘 이 사회를 아름답게 만드는 키워드다.

칭찬 한마디로
인생을 바꾸다

    초등학교 3학년 때의 일로 기억된다. 우리 반 담임이시던 박실경 선생님이 수업시간에 아이들에게 물었다. "바람을 이용한 기계나 시설을 아는 대로 말해 보라"는 것이었다. 나는 번쩍 손을 들어 "풍로"라고 대답했다. '풍로'는 가마솥에 불을 땔 때거나 군불을 땔 때 장작개비에 불이 잘 붙도록 손으로 돌려 바람을 일으키는 기계다. 시골에서는 집집마다 매일같이 사용하던 것이므로 나는 선생님의 질문에 금방 손을 들고 맞힐 수 있었다.

    그때 박실경 선생님은 나에게 "참 잘했다"고 칭찬을 아끼지 않았다. 심지어 수업이 끝난 뒤 집으로 돌아가느라 교문을 나설 때 다시 또 칭찬하셨다. 평소에 말도 없고 말썽이나 부리던 아이가 답을 맞혔으니 특별히 칭찬하셨는지도 모르겠다.

아무튼 평소 개구쟁이로 유명하던 나에게 그런 칭찬은 처음이었다. 집에서도 얼마나 골치가 아팠으면 일찍 학교에나 다니라고 취학연령이 되기도 전에 나를 학교에 보냈을까. 위로 딸이 넷이고 동생마저 여자아이라 아들이라고 귀하게 키우시면서 버릇이 나빠졌던 것이다. 학교에 가서도 마찬가지였다. 성적이 크게 좋았던 것도 아니고 품행이 방정했던 것도 아니었다. 그런 나에게 선생님의 칭찬은 참으로 큰 충격이었다. '나도 뭔가 잘 할 수 있는 아이구나' 하는 생각을 어린 내가 하게 만들었던 것이다.

실제로 그후 나는 공부를 잘하게 되었다. 하루아침에 세상을 보는 눈이 달라진 것이다. 숙제도 열심히 하고, 수업시간이 괜히 기다려지기조차 했다. 그러다 보니 열등생이 우등생으로 변했다. 개구쟁이가 모범생으로 변했다. 4학년 이후 나는 계속 반장을 하고 학업우수상을 탔다. 초등학교 6학년 때는 전교 어린이회장을 지냈고 졸업할 때는 교육장상까지 탈 정도가 되었다. 인근 마을에 사시던 선생님은 그 초등학교를 떠나 다른 학교로 가서도 가끔 동네에 들러 우리 부모님과 인사를 하는 친한 관계가 되었다.

《칭찬은 고래도 춤추게 한다》는 책이 출판되지 않았던가. 칭찬이 얼마나 소중한 것인지, 칭찬 한마디가 실제로 사람의 일생을 어떻게 바꿀 수 있는지 나의 사례가 증명하고 있는 셈이다. "말 한 마디가 천냥 빚을 갚는다"는 말도 있지만 "칭찬 한 마디가 사람 인생을 좌우한다"고 해도 틀린 말이 아니다. 어찌 보면 별것 아닌 것을 가지고도 선생님은 입에 침이 마르도록 칭찬을 아끼지 않았다.

그후 선생님은 다른 학교를 옮겨다니시다 다시 내가 졸업한 초등학교에 교장선생님으로 부임해 오셨다. 내가 변호사 생활을 하고 있을 때 서울로 그 선생님이 오셨다. 이런 저런 말씀 끝에 "이런 이야기해도 좋을지 모르겠다. 우리 학교가 시골학교이지만 자네 같은 훌륭한 졸업생도 있는데 아직 컴퓨터가 한 대도 없구나. 혹시 여건이 된다면 컴퓨터 한 대를 사주면 자네 후배들이 얼마나 좋아하겠느냐"며 아주 오랫동안 주저하시다 말을 꺼내셨다. 사실 벽지의 초등학교라 변호사 졸업생조차 배출하지 못한 것이다. 모처럼 부탁하시는데 거절하기가 어려웠다. 더구나 나의 오늘이 있게 한 선생님이시니 내가 어떻게 그 요청을 거절할 수 있었겠는가.

나중에 컴퓨터를 학교에 들여놓으시고 온 학교와 동네, 이웃학교에까지 자랑하셨다고 한다. 그때만 해도 컴퓨터가 귀한 시절이라 그것을 아주 자랑스럽게 생각하셨던 것 같다. 그리고 고맙다는 장문의 편지까지 다시 보내오셨다. 사실 작은 일을 한 나를 오히려 동네방네 소문을 내고 칭찬해 주셔서 나는 몸 둘 바를 몰라 했다.

그후 선생님은 정년퇴임을 하셨는데 얼마 후 타고 다니시던 오토바이 사고로 안타깝게도 돌아가시고 말았다. 정년퇴임식에는 꼭 가서 훌륭한 선생님의 제자로서 감사의 인사를 올려야지 했는데 결국 나는 못 가고 아내를 보내고 말았다. 그런 죄책감에 나는 언제나 선생님께 부채감을 느끼며 산다.

나는 이렇게 선생님의 칭찬으로 큰 자극과 격려를 받고 열심히 공부도 하고 인생에 큰 지침을 얻었으면서도 다른 사람에게 그것을 실천하는 데 인색하다. 우리 집 아이들한테나 함께 일하는 직장의 간사들에게 후덕하게 대하지 못한다. 사사건건 트집을 잡거나 질책을 한다. 따지고 보면 내가 그 사람들 나이 때는 그만큼 잘할 수 없었을 터임에도 지금의 내 기준으로 사람들과 활동을 평가한다. 아주 잘하고 있는데도 내 기준과 취향에 맞지 않는다고 혼을 내기 일쑤이다. 가끔은 그런 나를 스스로 꾸짖고 반성을 하고 앞으로 많이 칭찬해 주어야지 하지만 그게 잘 안 된다. 그럴 때마다 박실경 선생님을 생각하곤 한다.

인생 황금기

얼마 전 김태동 교수를 만났다. 10여 년 전 상가에서 그를 만나 집으로 돌아오는 길에 차를 얻어 탄 적이 있다. 그런데 놀라지 마시라. 그의 차는 놀랍게도 포니였다. 아직도 현대자동차가 생산한 포니가 굴러다니는 것을 보고, 그리고 한때 청와대 경제수석까지 지낸 사람이 포니를 타고 다니는 것을 보고 적잖게 놀랐다. 그런 그가 이런 말을 하였다.

과거 나는 문익환 목사를 잘 몰랐다. 친구인 김근태와 함께 그분 댁에 새해 인사를 간 적이 있었다. 세배객 100여 명이 집에 다 못 들어갈 정도였다. 나는 그분이 인생의 전반기보다 후반기를 더 잘 살았다는 점에서 존경하게 되었다.

그 말을 들으며 새삼 스스로 자세를 곧추세웠다. 문익환 목사는 성경학자로, 교수로서 오래 지내다가 인생 말년에 민주화운동에 투신하여 80년대 절망의 시대에 민주화와 인권의 선지자로서의 사명을 다했던 분이 아닌가. 그 말을 들으며 이미 '5학년' 중반으로 진입한 나는 현실에 안주하고 안일하게 사는 것은 아닌가 하는 생각이 퍼뜩 들었다.

사실 우리는 주변에서 젊은 시절 잘 쌓았던 명성과 업적을 늘그막에 한꺼번에 잃어버리는 경우를 왕왕 보게 된다. 변절하기도 하고 노망이 들기도 한다. 그런 소극적인 의미에서만 그 말이 중요한 것이 아니다. 나이 들어서 오히려 새로운 일에 도전하고 위대한 성취를 이룬 사람들이 적지 않기 때문이다.

2005년의 한국인 기대여명표는 여성이 81.8세, 남성이 75.1세까지 살 수 있음을 보여주고 있다. 앞으로 이 기대여명은 의료기술의 발전, 건강에 대한 관심의 고조 등으로 더 늘어날 것으로 보인다. 그런데 경제위기와 급격한 변화의 흐름에 따라 은퇴 시기가 점점 더 빨라지고 있다. 대부분의 기업에서는 50대 후반이면 거의 물러나게 된다. 기대여명과 은퇴 시기 사이에 꽤 긴 시간이 있는데도 많은 은퇴자들은 퇴직 이후 그냥 취미생활 정도만 즐기고 인생을 낭비하고 있음은 개인적으로나 사회적으로 큰 불행이 아닐 수 없다. 우리 모두가 잘 아는 유명인사 가운데 90대까지 살면서 위대한 업적을 남긴 사람이 적지 않다.

· 괴테(Johan Wolfgang Goethe, 1749~1832) : 80세에 절세 불후의

고전 《파우스트》를 탈고하다.

· 토스카니니(Arturo Toscanini, 1867~1957) : 90세까지 20세기 대
표 지휘자로 왕성하게 활동하다.

· 스토코프스키(Leopold Stokowski, 1882~1977) : 역시 94세까지
미국의 지휘자로 활동하다.

· 루빈슈타인(Artur Rubinstein, 1887~1982) : 94세의 피아니스트로
타의 추종을 불허하다.

· 에디슨(Thomas Alva Edison, 1847~1931) : 발명왕이자 GE창업자
로 열정을 불태우다.

· 피카소(Pablo Ruiz Picasso, 1881~1973) : 20세기 대표 입체파 화
가로 92세까지 헤아릴 수 없는 명화를 그려내다.

· 피터 드러커(Peter Drucker, 1909~2005) : 현대 경역학의 대부로
서 75세 정년론을 주장하고 스스로 100여 권의 저서를 집필하다.

마지막에 인용한 피터 드러커는 96세까지 살았는데 "60세 이후 30
년 동안이 내 황금기였다"고 말했다. 나도 이제 황금기를 준비해야
겠다.

국채보상운동에서 배운다

우리는 중고등학교 국사 시간에 국채보상운동에 대해 배운다. 그러나 몇 구절의 설명만으로는 그 시대에 불꽃같이 일었던 이 운동을 제대로 알기 어렵다. 부끄럽게도 필자도 국채보상운동기념사업회 이사로 참여하면서 국채보상운동의 진실과 역사에 대해 조금 더 알게 되었다. 나는 이 운동에 관한 논문과 책을 읽으면서 흥분에 가까울 정도의 감동을 받았다. 국채보상운동이야말로 우리나라 근현대사에서 볼 수 있는 최고의 시민운동이었기 때문이다. 최근 시민운동이 활발해지면서 시민단체가 우후죽순처럼 생겨나고 있고 그 영향력과 비판 역시 만만치 않다. 그러나 이 모든 운동도 국채보상운동만큼 대단하지는 않다.

국채보상운동이 최고, 최대의 시민운동이었던 것은 다음과 같은 이유 때문이다. 무엇보다도 전국의 각계각층이 참여했다는 점이다. 북쪽의 함경북도로부터 남쪽의 제주도에 이르기까지 전국의 남녀노소, 빈부귀천, 종교를 뛰어넘어 참여했던 것이다. 아니 당시 일본 유학생을 포함해서 미국 샌프란시스코, 로스앤젤레스, 하와이와 러시아의 블라디보스토크의 교민들까지 이 운동에 참여했다. 하지만 이 운동에서 가장 감동적인 것은 대구 서문시장의 한 앉은뱅이 거지가 자신이 평소 모아온 전액을 이 운동에 내놓았다는 기사이다. 감동은 여기에서 그치지 않는다. 심지어 당시 극심한 차별을 받았던 기생들조차 대대적으로 이 운동에 참여했다니 놀라운 일이다. 동네 거지나 기생까지 참여했다면 온 국민의 참여를 유도하는 데 성공했음을 의미한다.

두 번째로 이 운동에서 배울 것은 다양한 참여 방식을 개발했다는 점이다. 1907년 이 운동이 처음으로 제안한 '국채일천삼백만환보상취지서'에 따르면 석달 간 담배를 피우지 않은 대금으로 일본의 국채 1,300만환을 갚을 수 있으므로 온 국민이 일치단결하여 이에 협조할 것을 호소하였다. '단연(斷煙)'이라는 단순한 방법을 통해 누구나 참여할 수 있는 방법을 제시한 것이다. 아무리 좋은 일이라도 참여하는 것이 어렵다면 그 운동은 실패하고 만다. 더구나 '금연'은 남자만 하는 것이므로 여성도 들고 일어났다. 이 운동의 발상지인 대구에서는 일부 여성들의 발기로 '패물폐지부인회'를 조직하고 "나라를 위하는 마음과 백성된 도리에 어찌 남녀가 다르리오"라는 격문을 전국부녀동포에 보내면서 부인들의 패물을 이 운동에 바칠 것을 결의하고 있다. 나중에 부인들은 패물뿐만 아니라 아침저녁 반찬값을 매일 3~4푼씩 떼어 국채보상금에 내놓자는 제안과 실천을 하기도 했다. '부인감찬회'라는 조직은 아침저녁 식사량을 반으로 줄이고 석달 간 줄인 것을 모아 국채보상금으로 내기로 했다. 한 사람이 3개월간 소비하는 곡식량은 서 말이므로 그 반인 한 말 반의 당시 쌀값 2원 7전을 낸다는 것이었다. 참으로 눈물겨운 일이 아닐 수 없다.

그러나 무엇보다 우리가 배워야 할 것은 국민들의 참여를 유도하고 바로 그 국민들의 힘으로 일제로부터의 독립을 지켜보겠다는 의지다. 담배를 피우지 않거나 가지고 있는 패물을 내놓거나 아니면 식사량을 조금 줄여서라도 모두가 함께하면 쉽게 그 엄청난 국채를 갚을 수 있다는 절묘한 아이디어가 빛난다. 한두 명 부자의 돈이나, 용감한 장수의 큰 용력이 아닌, 보통 국민들의 결집된 힘으로 독립을 지켜내려 했던 선조들의 위대한 시민운동이 아닐 수 없다.

국채보상운동은 일제가 보상금을 유용했다는 혐의로 지도자들을 구속하는 등 탄압함으로써 실패로 끝나고 말았다. 그러나 결코 실패한 것이 아니다. 당시 목표한 금액에는 이르지 못했지만 18만 8,000환이라는 거액을 모았을 뿐만 아니라 민립대학 설립운동 등 다른 운동으로 계승되기도 했다. 더 나아가 지난 외환위기 당시 금 모으기 운동을 보면 국채보상운동은 우리 민족이 위기에 처할 때마다 온 국민을 하나로 통합하는 역사적 경험과 교훈이었음을 알 수 있다. 오늘날 역할을 충분히 못하고 있는 시민사회운동가들과 파쟁과 자기 이익 지키기에 여념이 없는 우리나라 정치인들이 100여 년 전에 있었던 이 위대한 시민운동에서 배울 일이다. (2007)

무거운 짐을 지고
먼 길을 가는 나그네

　새로운 세기와 천년을 맞으며 많은 사람들은 덕담과 희망을 말한다. 그런데 왠지 나는 미래의 요란한 낙관과 희망에 대해 거부감을 가진다. 지난 85~86년을 회고해 보면 그때 정말이지 많은 사람들이 턱도 없는 낙관과 희망을 가졌다. 비록 오늘 폭압의 군사독재정권이 버티고 있을지언정 내일 바로 폭압이 사라지고 민주정부가 수립되면 세상의 모든 것이 해결될 것이라고 믿었다. 정치적 억압, 경제적 모순, 사회 불의, 심지어는 남녀 불평등조차도 한꺼번에 사라질 것이라고 믿었다. 어둠이 깊으면 새벽이 멀지 않다고 하면서 민주주의의 회복과 인간답게 사는 세상의 도래를 말했다.

　그러나 1987년의 6월항쟁과 5공 정권의 종말에도 우리가 믿던 세상은 오지 않았다. 사람들은 분열했고, 증오했고, 절망했다. 독재는 사라졌지만 진정으로 민주화가 된 것인지 알쏭달쏭했다. 많은 것이 변했고, 많은 것을 이뤄냈지만 여전히 변한 것보다는 변하지 않은 것이, 이루어진 것보다는 이루어지지 않은 것이 더 많다. 당시에는 민주주의 투사로서 우리의 지도자였던 사람들이 대통령도 되고 국회의원도 되었다. 하지만 그들은 과거 우리가 존경하던 그 사람들로 남지 않았다. 세상이 변한 것인지 그들이 변한 것인지 가늠하기 어렵다. 그들의 큰소리가 어디로 갔는지 알 길이 없다. 우리의 소망은 또 한번 배신당한 채 부화하기를 기대하는 계란처럼 남아 있다.

1994년 참여연대 창립과정에 어쩌다 관여하면서 새로운 운동이 필요하다고 생각했는데, 한발 두발 빠지다 아예 상근활동가가 되었다. 이른바 '인권변호사'로 활동하면서 나는 '활동가'들의 변론을 맡았고, 그러면서 그들의 용기와 헌신에 한없는 감사와 존경의 마음을 품고 있었다. 그런 내가 활동가 대열에 서리라고는 꿈에도 생각하지 못했다. 하지만 내가 상근활동가가 되었을 때는 이미 내가 변론을 했던 활동가들은 국회의원도 되고 청와대비서관도 되었다. "늦게 배운 도둑질 날 새는 줄 모른다"는 속담처럼 나는 뒤늦게 시민운동 일에 열중하여 밤낮을 잊었다. 처음 출근할 때는 책상이 없어 다른 간사와 함께 금을 그어 나누어 썼고 나중에 따로 책상을 하나 가지게 되었지만 아침에 나와 보면 밤새 쥐들의 세상이었는지 책상 위에는 쥐똥이 어지럽게 널려 있었다.

'어느 날 일어나보니 유명하게 되었다'는 말처럼 참여연대는 불과 5년 만에 유명해졌다. 회원도 많이 늘어났고 살림도 커졌다. 물론 이것으로 아직 간사들 월급을 충분히 준다고 할 수 없고 그것마저도 거르지 않고 계속 줄 수 있다고 안심하기에는 이르다. 그러나 하루가 멀다 하고 언론에 보도되는 참여연대를 보고 사람들은 이런저런 불만과 경계심을 가졌던 듯하다. 참여연대가 앞장서서 시민단체의 위상을 높였다고 말하는 사람보다는 참여연대가 언론을 독점하는 것 아니냐는 비판이 거셌다. 자신들은 '기타 단체'가 된다는 것이다. 이런 말을 들을 때마다 미안한 생각이 든다. 그래서 기자들에게 제발 다른 단체와 연대할 때는 그 단체들 이름 먼저 써 주고 동시에 이들의 기사를 많이 다루어 달라고 말한다. 간사들에게는 연대행사의 경우에는 아예 보도자료에 주관하는 다른 단체를 20호 정도로 크게 쓰고 참여연대를 포함한 일반 단체들은 10호 정도로 작게 쓰라고 주문한다. 그런 요청과 주문이 별로 효과를 못 내서 당황하는 경우도 많다.

특히 지역에서 살림을 꾸려야 하는 지역단체들을 생각하면 더욱 그렇다. 언론에 보도되는 경우는 아예 없을 터이고, 그러다보니 뜻 있는 소수의 회원들이 각자의 주머니를 털어서 모임을 운영해가는 수밖에 없을 것이다. 내 경우에도 초기에 시민단체 사무처장이라는 자리가 '칼 안 든 강도'여야 한다는 사실을 잘 몰랐다. 그러다 점차 직원들 월급 못 주었다고 자살한 중소기업 사장의 심정을 이해하게 되었다. 월급 못 준다고 바로 악덕기업주가 되는 것은 아닌데도 괜히 사무처장이라는 자리에 앉아 있는 것이 바늘방석이었던 것이다. 지역단체들의 경우에는 어떨까? 지역활동가 대부분은 제대로 월급 받으리라는 기대를 아예 안하는 경우가 많다. 물론 그렇다고 해서 지역단체의 실무책임자의 마음이 편할 리야 있겠느냐만.

244

참여연대 제1회 정기총회.

    우리나라의 중앙집권은 정부만이 아니라 민간에서도 그대로 적용
된다. 시민단체들조차 중앙 중심이다. 지역 주민에 기초한 풀뿌리시
민단체들이 제대로 뿌리를 내리고 커 나가야 민주주의가 온전하게
발전할 수 있다. 시민운동이 서울의 몇몇 단체에 의해 주도되고 나
머지 시민단체들이 소외된다면 건전한 시민사회를 형성할 수 없다.
불행하게도 이러한 잘못이 이 땅에서 현실적으로 나타나고 있다. 참
여연대는 지역의 여러 단체들이 제대로 성장하도록 지원하고 연대
하기 위하여 아예 지방에 지부 만드는 것을 포기하고 그 대신 이미
존재하는 지역단체들과의 네트워크를 통해 적극적인 연대활동을 해

보자는 쪽으로 방향을 굳혔다. 그러나 말뿐이지 자신의 단체의 내부 일로도 너무 바빠 제대로 연대활동을 벌였다고 장담하기 어렵다.

지나치게 큰 꿈을 그리다가 절망도 커진 20세기 말의 경험을 돌아보면서 21세기에는 작은 꿈을 꾸면서 그 꿈을 알차게 실현하자고 다짐해본다. 하나하나 차근차근 풀어가다가 어느 날 되돌아보면 큰 진전이 있었음을 깨닫는 것이 더 큰 행복이 아닐까 생각해본다. 혁명의 열정은 키우기는 쉽지만 쉽게 식어버리는 단점이 있다. 그렇게 혁명의 꿈을 꾸었던 사람들의 싸늘하게 식어버린 가슴을 목격하는 것만큼 슬픈 일은 없다. 하루아침에 모든 것이 바뀔 수 없는 세상을 한 걸음 한 걸음 행군해야 한다는 것은 고단하고 지칠 만한 일이다. 그것이야말로 무거운 짐을 지고 먼 길을 가야 하는 일이 아닐 수 없다. 그렇지만 포기할 수 없는 길이다. 새해 아침, 우리가 꿈꾸어야 하는 것은 지난날의 반성 위에 작은 희망을 키우고 그것을 끝까지 실현하는 일이다.

'직업선택 10계명'을 신봉하는 사람들

1. 월급이 적은 쪽을 택하라.

2. 내가 원하는 곳이 아니라 나를 필요로 하는 곳을 택하라.

3. 승진의 기회가 거의 없는 곳을 택하라.

4. 모든 조건이 갖추어진 곳을 피하고 처음부터 시작해야 하는 황
   무지를 택하라.

5. 앞을 다투어 모여드는 곳을 절대 가지 마라.
   아무도 가지 않는 곳을 가라.

6. 장래성이 없다고 생각되는 곳으로 가라.

7. 사회적 존경을 바랄 수 없는 곳으로 가라.

8. 한 가운데가 아니라 가장자리로 가라.

9. 부모나 아내가 결사반대를 하는 곳이면 틀림없다. 의심치 말고

가라.

10. 왕관이 아니라 단두대가 기다리고 있는 곳으로 가라.

거창고등학교 강당에 걸려 있는 '직업선택 10계명'이다. 저마다 좋은 대학, 좋은 직장에 진학하고 취업하기 위해 온힘을 다하는 풍토에서 이런 엉뚱한 가르침을 주는 고등학교가 있다니. 놀라운 것은 이 엉뚱한 가르침을 받고 자란 학생들의 90퍼센트가 4년제 대학을 진학한다는 사실이다. 지리산 아래 산골 고등학교, 입시 경쟁보다는 인간이 먼저 되게 하는 전인교육을 시키는 학교, 누구도 현실적으로 여기지 않는 '직업선택 10계명'을 가르치는 이 이상한 학교에 들어가려고 전국의 부모들이 경쟁하고 있다.

세상에는 참 엉뚱하고 바보 같은 짓을 하는 사람들이 있다. 그런데 그 엉뚱하고 바보 같은 사람들이 세상을 바꾸고 마침내 그 사회의 존경받는 리더가 된다. 모두가 똑똑하고 자기 것만 챙기는 그런 이기적인 사회에서 자기 것보다는 남과 이웃의 것을 먼저 챙기고, 희생과 봉사를 즐겨하는 그런 엉뚱하고 바보 같은 사람들이 많은 사회가 좋은 사회이다.

최근 희망제작소가 진행하는 소셜 디자이너 스쿨(SDS) 1기를 수료한 분 가운데 이경희 중앙대 교수가 있다. 주거복지학과에서 평생을 바쳐 학생들을 가르친 그이는 SDS과정을 마친 다음 아직도 몇 년이 남은 교수직을 훌훌 던져 버리고 남은 삶을 자신이 꿈꾸어 오던 것을 실천하는 데 바치겠다는 결단을 내렸다. 교수가 되기 위해 온갖 서류를 준비하고 지난한 경쟁과 면접의 과정을 거쳤는데 그것을

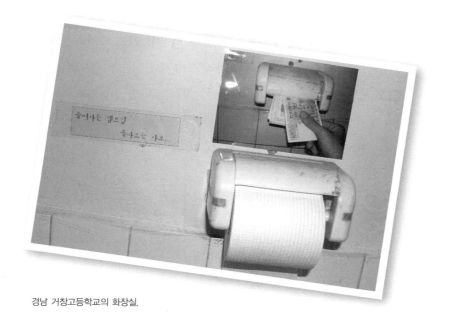

경남 거창고등학교의 화장실.

그만 두는 데는 종이 한 장에 사인 한번 하는 것밖에 없더라고 담담하게 말하는 모습은 참으로 감동이었다. 이제 그이가 버린 것은 그 핏빛 경쟁의 세상이요, 얻은 것은 아무도 가지 않는, 바로 봉사와 헌신의 블루오션이다.

소셜 디자이너 스쿨에 들어오고 또 수료한 이들 가운데는 이교수님 같은 분들이 많다. 의외로 이 학교에 들어온 사람들은 남녀노소 다양한 연령과 직업군의 분포를 보이고 있다. 그런데도 이들 수료생에게 공통되는 특징이 하나 있다. 바로 꿈을 꾸고 그 꿈을 실천해 보려는 사람들이라는 사실이다.

혼자만 잘 살기 위해 아등바등하는 사회에 조금은 이웃과 사회를 생각하는 사람들이 많아진다는 것은 참 희망이 있는 사회라는 증거다. 청년실업이 증가하고 노령화가 급속히 촉진되는 이 시대에 연령과 조건을 넘어 좋은 일을 꿈꾸고 실천하려는 사람이 많아지는 것은 사회가 좋아지고 있다는 표시이다. 무엇보다도 절망이 깊어지고 꿈을 잃어버린 시대에 꿈을 꾸는 사람들이 있다는 것은 참으로 행복한 일이 아닌가.

다시 보는 문화복지

러시아에서 유학을 했던 어떤 학생으로부터 들은 이야기다. 국민소득은 한국이 러시아보다 훨씬 높지만 문화생활의 향유라는 측면에서 보면 전혀 그렇지 않다는 것이다. 아무리 러시아 경제사정이 좋지 않고 러시아인들의 소득이 낮지만 그래도 한달에 한두 번은 오페라 공연을 본다는 이야기였다.

한때 사람이 살기 위해서 먹는지, 먹기 위해 사는지 모르겠다는 말이 유행하였다. 둘 다 고도성장 시대를 살아왔던 한국인들의 자조 섞인 물음일 터. 사실 그동안 한국인들은 단지 부자가 되기 위해, 더 정확히 말하면 가난을 벗어던지기 위해 아옹다옹 살아왔다. 과거보다는 더 잘살기 위해, 옆집보다 부자가 되기 위해 살아온 것이다.

"금강산도 식후경"이라는 말은 바로 그런 우리의 상황을 가장 잘 표현하는 말이었다. 그런데 이제 우리는 '식후'는 이뤘다. 금강산을 구경할 때가 된 것이다. 언젠가부터 화랑의 그림을 사 모으는 사람이 늘기 시작했고, 외국여행을 뻔질나게 하기 시작했다. 그러나 돼지에 진주목걸이가 어울리지 않듯 하루아침에 부자가 되었다고 해서 문화적인 인간으로 개조될 수는 없다.

우리는 부족한 대로 '1만불 시대'를 넘은 지 오래되었지만 여전히 예술가들은 굶주리고 있고, 문화 인프라는 시작에 불과하다. 지난 5월부터 3개월 동안 독일을 돌면서 독일의 도시들이 얼마나 다양하고 많은 박물관, 도서관, 미술관을 가지고 있는지 놀라지 않을 수 없었다. 오늘날의 독일은 Made in Germany가 아닌, Designed in Germany라는 말을 주로 쓴다. 아무리 우수한 생산능력을 가지고 있다고 하더라도 문화적으로 성숙된 힘을 가지고 있지 않으면 제품의 우수성과 가치를 제대로 인정받기 어렵다. 세계는 바야흐로 디자인의 시대, 예술의 시대로 접어들고 있다. 그러나 우리의 경우에는 이러한 세계적 추세와 역사의 흐름을 역행해가고 있는 느낌이 들 때가 있다. 지금 나라 곳곳에 세워지는 각종 공공건물들을 바라보면서 이 땅의 척박함이 문화에도 그대로 재현되고 있음을 본다.

문화가 독자적이고 창조적으로 발전하기 위해서는 투자가 필요하다. 하지만 문화나 예술 분야는 정부의 투자 우선 순위에서 언제나 밀린다. 문화나 예술을 담당하는 문화관광부가 '끗발 있는 부처'가 되기 어려운 까닭이다. 그러다보니 문화예술 분야는 목이 마른다. 정부가 좀 더 투자를 해야겠지만 정부를 믿고 있다가는 우리의 문화예술은 가뭄 든 논의 벼처럼 다 타버릴 수밖에 없다. 당연히 기업도

252

나서야 한다. '메세나' 운동이 없는 것은 아니지만 기업이 제대로 문화예술에 투자하고 있는 곳은 드물다.

과거에는 먹고사는 생존권이 중요했다. 조금 먹고살게 되니 그 다음으로 자신의 주장을 자유롭게 표현하고 단체를 조직할 수 있는 결사의 자유가 중요해졌다. 그러나 이제 그것만으로는 부족하다. 자신의 문화적 욕구를 충족시켜 줄 제도와 기반이 필요하다. 문화복지의 영역이 부각되는 이유다. 그렇게 발전해 가는 것이 인간사회의 당연한 방향이다. 인간은 빵만으로는 살 수 없기 때문이다.

정의는 고난과 투쟁의 열매

억울하게 살인자의 누명을 쓰고 사형선고까지 받은 동포 청년의 기구한 운명을 보고 남의 일로 생각하지 않고 발 벗고 나서서 구명 운동에 시간과 정열을 쏟은 아름다운 사람들의 얘기입니다. 동포들의 정성 어린 기도와 눈물 어린 변호 성금으로 힘없고 불행한 동포 한 사람이 불의한 억압에서 풀려 나와 자유를 찾게 되는, 소설보다 더 극적인 이야기입니다. 돈벌이보다는 정의를 사랑하는 변호사들, 한 사람의 억울한 누명을 벗겨야 한다고 철저하게 믿는 사설탐정, 배심원들, 살인현장을 목격한 증인들, 언론인들, 사회사업가들, 의사와 교사들, 종교지도자들이 등장하는가 하면, 법을 배우고 직업으로 집행하는 판사들, 검사들, 형사들, 형무소의 간수들 그리고 형무소에 갇혀 있는 수감자들의 이야기입니다.

지난 1973년 6월 3일 샌프란시스코에서 일어난 총격 살인사건의 범인으로 지목되어 1급살인사건의 피고인으로 법정에 서서 사형선고를 받은 한인동포 이철수 씨 이야기이다. 사형선고까지 받은 그는 10년이나 옥중에서 무죄투쟁을 벌였고, 동포들이 물심양면으로 지원했다. 그야말로 눈물 없이는 들을 수 없고, 긴장과 호기심 없이는 읽을 수 없는 드라마보다 더 드라마 같은 이야기이다.

사실 미국이나 영국은 민주주의의 교과서 같은 나라라고 우리는 학교에서 배웠다. 하지만 막상 미국과 영국에서 살아보니, 배운 것과는 아주 딴판인 사건도 있다는 것을 알게 되었다. 지난 1991년 영국에서 잠깐 유학을 하던 나는 당시 18년째 억울하게 형을 살다가 무고함이 밝혀져 사회적 논란이 있었던 이른바 '버밍햄 포'(Birmingham Four, 나중에 〈아버지의 이름으로〉라는 영화로 제작됨) 사건을 접하게 되었다. 미국의 경우, 냉전시대 원자폭탄 기밀을 소련에 넘겨주었다는 혐의로 억울하게 기소·재판 받은 로젠베르크 부부 사건을 접하면서 미국이라고 해서 언제나 정의의 시곗바늘이 정확하게 가르키고 있는 것은 아니라는 것을 알게 되었다. 한인동포 이철수 씨 사건 역시 미국의 법정과 정의의 시곗바늘이 때로는 작동을 멈추거나 엉뚱한 시간을 가리킬 수 있음을 단적으로 보여주었다. 동시에 그것을 바로잡는 노력이 얼마나 지난하고 고난에 가득 찬 것인지를 보여주는 상징적 사건이었다.

그러나 낯설고 물선 땅에서 피곤하고 고단한 삶을 살아가면서도 고난에 처한 다른 이웃을 위해 헌신했던 사람들의 이야기를 들으면서 한편으로는 이 사건이 우리 동포사회에 부정적인 면만을 보여주는 것은 아니라는 생각이 들었다. 아니, 오히려 한푼 두푼 구호성금을 낸 동포들이나 법정이나 길거리에서 이철수 씨의 구하기 위해 시위에 참여한 사람들, 자신의 돈벌이보다는 억울한 동포를 구하기 위해 밤낮없이 뛰었던 변호사들은 또 다른 영웅들이었다. 이들이 바로 이철수구명위원회 사람들이다.

유재건 변호사는 구명위원회를 조직하고 운영하는 중심에 섰던 분이다. 그는 오래전에 있었던 이야기, 우리 모두가 잊어버렸던 이야기를 《함께 부르는 노래》라는 책에 담아 우리에게 들려주고 있다. 과거의 악몽을 되돌리려는 것이 아니라 우리가 잊었던 전율과 그로부터 배워야 할 교훈을 들려주려는 것이다. 미국이라는 복잡한 사회에서 우리 동포들이 단합하고 또한 다른 인종사회와 잘 어울려 살아야 하며, 그 사회를 잘 이해하고 적응해야 한다는 교훈은 지금도 여전히 유효한 것이다. 뿐만 아니라 자유와 정의는 결코 저절로 오는 것이 아니라 형극의 투쟁과 노력에 의해서만 확보되는 것이라는 엄연한 역사적 교훈도 이 책을 통해 우리는 배울 수 있다. 자유와 정의에 목말라하는 사람들에게, 미주 동포사회를 궁금해하는 사람들에게, 좀 더 좋은 사회를 꿈꾸고 실천하려는 사람들에게, 아니 모든 미주동포와 한국인들에게 이 책의 일독을 권한다. (2008)

우리는 희망을 만들 수 없을까

    최근 우리 사회의 여러 사건들을 보고 있노라면 머리가 어질어질 해진다. 여야 간의 싸움이 통상적인 모습을 넘어서 있다. 노사 간의 갈등 역시 궤도를 이탈한 것처럼 보인다. 지역 간 갈등, 이념적 갈등─이 모두가 우리 국민을 헷갈리게 하고 있다.

    어느 날 환경단체 간부로부터 전화가 걸려 왔다. 부안 핵폐기장 문제를 둘러싸고 정부대표와 부안 주민대표들이 모여 대화기구를 만드는데 위원으로 참여해 달라는 것이었다. 너무 바빴고, 워낙 중대한 사안이라 여기에 들어갈 노고를 생각해 보니 도저히 시간을 낼수 없을 것 같아서 안 되겠다고 간곡히 거부의 뜻을 전했다. 그후 외국여행을 하느라 일주일을 보내고 왔더니 필자의 의사와는 상관 없이 그 대화기구의 위원으로 이미 들어가 있었다. 그러나 어쩌랴. 이미 그렇게 된 일이라면 뭔가 역할을 해서 대화로 이 문제를 풀어 국민들에게 작은 희망이라도 선사하면 얼마나 좋은 일인가 생각하고 회의에 참석하기 시작했다.

처음에는 도저히 접근하기 어려울 정도로 논란이 거셌다. 정부는 정부대로, 부안핵대책위원회는 위원회대로 도저히 대화가 불가능할 정도로 입장이 달랐다. 정부는 어찌 되었든 그곳에 핵폐기장을 짓겠다는 것이고, 부안 군민들의 기본입장은 정부 결정의 백지화였다. 그러나 대화를 나누면서 나는 희망을 발견했다. 부안핵대책위 주민대표들이 생각보다 유연했다. 무엇보다도 백지화라는 단어를 쓰지 않았다. 정부의 입장을 배려하고 있음이 역력했다. 더구나 함께 나온 환경단체 간부들도 정부가 핵발전 우선정책을 수정할 자세만 보이면 언제든지 정부와 머리를 맞대고 함께 논의할 수 있다는 입장이었다. 필자는 용기를 내어 정부에 제안했다. 그 제안의 내용은 이러하다.

현재 부안의 분위기로 보면 주민들의 동의를 얻어 핵폐기장을 건설하기는 어렵다. 그렇게 되면 굴업도, 안면도에 이어 이제 부안까지 주민 반대 때문에 건설을 못하게 될 것이고, 그러면 영원히 한반도에는 핵폐기장을 짓기 어려울 것이다. 그러니 일단 정부 당국자, 환경단체 간부, 지역 주민대표, 학계 등 전문가들로 구성된 제3의 독립위원회를 하나 만들자. 거기서 처음부터 다시 논의해보자. 핵발전 의존도를 줄여나가면서 이미 있는 폐기물을 저장할 장소를 찾아보자. 그 과정에서 후보지역의 주민들 대표나 중립적인 시민단체 대표들과 함께 처음부터 논의하고 공개하고 상의하자. 부안 지역도 배제하지는 말자. 그렇게 해서 몇 년이 걸리더라도 정부와 환경단체, 지역주민들이 함께 합의하는 핵폐기장의 건설 모델을 하나 만들어보자.

주민들이 기를 쓰고 반대하면 더 이상 진전할 수 없는 것이 핵폐기장 건설계획이다. 이미 다른 사례를 통해 잘 알았으련만 정부 대표는 이 제안에 별로 호의적이지 않았다. 나중에는 시간이 아까운 생각이 들기 시작했다. 여러 조사를 보면, 주민들의 80% 이상이 반대하고 있음을 보여주고 있었다. 계속 이렇게 가면 정부의 부안핵폐기장 건설은 백지화될 수밖에 없는 것이 현실이었다.

따지고 보면 이번에도 정부는 지난 70년대나 80년대의 밀실행정에서 한걸음도 나아가지 못했다. 주민들의 동의를 지역개발이라는 미명 아래, 심지어 개인들을 배상이라는 이름으로 '매수' 하고, 군의회의 거부에도 군수의 신청이 있다는 이유로 밀어붙이기식 행정을 했다는 비판을 면하기 어려운 상황이었다. 과격한 집회와 시위까지 연일 벌였던 주민들에게도 잘못이 전혀 없다고 말할 수는 없지만 그 원인은 어디까지나 정부 측에서 제공한 것이었다. 주민대표들이 만약 억지주장을 하고 끝까지 자신들의 고집을 꺾지 않았다면 필자는 당연히 주민들도 비판했을 것이다. 그런데 주민들이 받아들인 제3의 합리적인 제안을 정부는 무엇을 믿고 거절하는지 알다가도 모를 일이다. 70년대식 방식이 그대로 통할 수 있다고 생각한 탓일까. 결국 이 대화기구는 깨졌고 지금 다시 부안에는 주민들의 시위가 이어지고 있다. '참여정부'의 시대에 21세기가 요구하는 '참여'는 없고 여전히 20세기의 아집과 독선이 지배하고 있다.(2003)

'로마인 이야기'가 준 선물

사실 《로마인 이야기》에 도전할 엄두가 나지 않았다.

한 권의 책도 제대로 읽을 시간을 내기 어려운 형편에 11권(내가 읽을 당시에는 11권까지만 간행되어 있었다)을 몽땅 읽기가 쉽지 않았기 때문이다. 그런데 《로마인 이야기》를 가방에 집어넣고 외국으로 가는 비행기 안에서 읽기 시작하면서 사정이 바뀌었다. 일단 첫 권을 단숨에 읽고 그날 밤부터 서울로 돌아오기까지 주제발표를 한 시간을 빼고는 《로마인 이야기》를 손에서 놓지 않았다. 틈만 나면 읽어서 일주일이 안 돼 모두 읽고 말았다.

"로마는 세상을 두 번 통일했다. 한번은 영토를 통일했고 또 한 번은 법률로 통일했다"는 말이 있다. 법학도로서 민법이나 법학의 주요 개념과 용어가 로마법에서 유래하고 있다는 사실을 배우게 되었다. 그러나 《로마인 이야기》를 읽으면서 로마는 법률에 의해 통치되는 것이 아니라 더 세세한 '매뉴얼 국가'라는 사실을 알게 되었다. 아무리 사소한 일이라도 모두 규정에 맞게 하도록 되어 있었던 것이다. 알렉산더 대제는 위대한 장군이었지만 그가 세운 대제국 마케도니아는 그가 죽자 멸망하고 말았다. 하지만 로마의 장군이 전투중에 죽어도 로마군은 끄떡없었다. 왜냐하면 누가 다음 지휘자를 계승할지 모두 정해져 있었고, 전투와 행군, 숙영에 관한 모든 사항들이 세밀하게 정해져 있었기 때문이다.

《로마인 이야기》를 읽으며 또 하나 전율한 것은 바로 로마의 '노블레스 오블리주'의 전통이다. 한 황제는 노예와 함께 돌을 등에 지고 로마의 언덕을 오르내렸으며, 또 다른 황제는 평생 변방의 전투지역이나 식민지역을 돌아다니며 군인들을 위로하고 수비태세를 살폈다. 전쟁이 일어나 함선을 만들고 전쟁비용을 위해 돈이 필요할 때 로마의 유력자와 원로원 의원들은 기꺼이 국채를 사 전비를 댔고, 자신의 자식을 기꺼이 전쟁터에 내보냈다. 호화로운 궁전에서 사치생활을 하다가 반미치광이가 되어 로마를 불태우며 기뻐한 '네로 황제'를 연상한 필자로서는 상상할 수 없었던 대목이다. 황제와 귀족과 유력층의 헌신과 봉사, 기부와 희생의 수없는 사례, 그러한 문화와 전통을 보면서 로마가 천년을 넘게 존속한 이유를 확연히 짐작할 수 있었다.

어디 그뿐인가. 작은 도시국가 로마는 이탈리아 반도를 통일하고, 나아가 오늘의 프랑스나 이베리아 반도, 나아가 독일을 포함한 게르마니아 지역, 영국 지역까지 점령해 나갔는데, 로마는 그 과정에서

복속된 주민들을 지속적으로 포용해 나갔다. 속주의 지배계층은 로마의 원로원으로 포섭되었고, 심지어 그 가운데 황제의 집안 사람도 여럿 있었다. 이런 포용 정책 속에서 로마는 고대 지중해와 대서양의 거대제국을 건설하며 보편적 세계질서를 형성했던 것이다.

로마는 2000년 전, 아주 까마득한 옛날에 존재했던 고대왕국이었다. 그러나 그때 꽃피운 문명과 인류의 지혜는 오늘날과 비교해 보아도 손색이 없을 정도였다. 《로마인 이야기》에는 천년을 지속한 거대한 국가, 강성한 제국의 건국과 확대, 쇠퇴의 모든 이야기가 담겨 있다. 과거는 미래의 거울이라고 역사학자 E.H. 카는 이야기했다. 로마제국은 바로 우리의 현실과 미래를 비추는 거울이라는 사실을 《로마인 이야기》는 가르치고 있다.

첫번째 조건 - 특권의 양보

―로마는 기원전 509년에 공화정을 채택한 이후 귀족계급과 평민층 사이의 대립으로 어려움을 겪었지만 기원전 367년의 리키니우스법으로 모든 공직을 평민층에 개방하고, 기원전 287년에는 평민집회에서 의결된 사항은 그대로 국법으로 삼는다고 규정한 호르텐시우스법을 제정하여 귀족과 평민 간의 갈등을 해소하는 데 성공했다. 게다가 평민층의 이익을 대변하는 호민관이 사임한 때에는 그를 원로원 의원으로 수용함으로써 소수지도체제의 '소수'가 배타적이 되는 것을 막는 동시에 국론분열을 방지해 왔다. 민회도 소홀히 취급된 것이 아니었다. 전쟁을 시작하거나 끝내는 등의 중대사는 민회가 그 결정권을 가지고 있었고, 집정관을 비롯한 모든 주요 관직은 민회에서 선출되었기 때문에 인사권까지 가지고 있었다. 그리고 전쟁 수행에 필요한 자금은 시민 각자의 재산 정도에 따라 할당되었기 때문에 사회정의라는 측면에서도 형평성을 유지했다. (《로마인 이야기》 3, p.25)

―기원전 390년의 켈트족 침략에서 로마인은 몇 가지를 배웠다. 그중 하나는 국론분열의 어리석음이다. 귀족파와 평민파로 양분되어 있었기 때문에 야만족에 불과한 켈트족한테 실컷 당했던 것이다. 그렇지만 이 분열도 기원전 367년의 리키니우스법으로 해소하는

데 성공했다. 국정의 모든 요직을 평민 출신에게 전면적으로 개방한 이 정치 개혁은 얼핏 보기에는 평민에 대한 지나친 양보로 보인다. 기원전 300년에는 신에 대한 제사를 맡는 직책까지도 평민 출신에게 개방했다. 하지만 이런 개혁으로 로마는 귀족과 평민의 대립 관계를 귀족이 평민을 끌어안는 관계로 바꿨다. 그 결과는 금세 나타났다. 로마는 로마인이 가진 모든 역량을 최대한으로 활용할 수 있는 체제를 확립할 수 있게 된 것이다. 로마가 강해진 첫번째 요인은 로마의 독특한 통치체제 확립에 있다고 생각한 그리스의 역사가 폴로비우스는 켈트족 침략에 대해 이때를 계기로 로마의 융성은 시작되었다고 말했다.(《로마인 이야기》 1, p.226)

두번째 조건 – 희생의 정신
–상대가 카르타고인 이상 함대 규모는 적어도 200척에 5단층 갤리선이 아니면 안된다. 5단층 갤리선을 200척이나 새로 만들어야 하는데, 기원전 242년 당시의 로마 국고는 텅 비어 있는 것이나 다름없는 상태였다. 원로원은 세금을 늘리는 것이 최선책이라고 생각하지 않았다. 하물며 지금까지의 관례를 어기면서까지 동맹도시들에게 전비 부담을 요구하는 것은 생각하지 못할 일이었다. 원로원은 전시국채를 발행하기로 결의했다. 전쟁이 끝난 뒤 상환능력이 회복되었을 때 갚는다는 조건이었다. 이런 조건으로 전시국채 구입을 요구 받은 것은 로마 시민 전체가 아니었다. 구입이 의무화된 사람은 유산계급과 원로원 의원 및 정부 요직에 있는 자들뿐이었다. 이렇게 재원을 마련한 로마는 200척의 5단층 갤리선을 새로 건

조하고 집정관 카툴루스에게 지휘를 맡겨 바다로 내보냈다.(《로마인 이야기》2, p.65)

-병역은 참정권을 가진 자유시민의 책무였다. 경제적인 면만 생각하면 차라리 십일조를 내고 군무를 면제 받는 속주민이 훨씬 이익이었을 것이다. 하지만 노예보다 못한 일당을 받고 군무에 종사하는 로마 시민과 동맹국 시민 가운데 여기에 불만을 품은 사람은 하나도 없었다.(《로마인 이야기》2, p.118)

-게다가 부유층에서는 돈만 낸 것이 아니었다. 로마인들이 '한니발 전쟁'이라고 부른 제2차 포에니 전쟁은 17년 동안 계속되었는데 그동안 집정관 자격으로 최전선에 나가 싸운 사람은 25명에 이른다. 총사령관에 해당하는 집정관만 해도 이 정도였다. 시민병의 희생도 엄청났다. 하지만 로마는 사회의 상층부에서 맨 아래까지 일치단결하여 한니발 전쟁을 이겨냈다.(《로마인 이야기》3, p.25)

-황제는 시민으로부터 권력을 위임 받은 신분일 뿐이다. 아테네도 마찬가지지만, 로마에서도 유권자인 시민은 자기네 지도자에게 권력을 줄지언정 지도자가 그 권력을 이용하여 사복을 채우는 것은 용납하지 않았다. 페리클레스는 아테네에서 30년 넘게 사실상의 독재를 했지만, 개인 재산은 한푼도 늘리지 않았다. 율리우스 카이사르도 정치투쟁에는 물 쓰듯 돈을 썼지만 사저는 개축조차 하지 않았고, 온천이 풍부한 나폴리 근방에서 휴가를 보낼 때는 그 일대

에 있는 친구들의 별장에 신세를 졌다. 최고 권력자가 된 뒤에 지은 것은 테베레 강 서쪽에 있는 정원뿐인데 그것도 유언으로 시민들에게 기증했다.(《로마인 이야기》 9, p.336)

세번째 조건 – 평등의 정신

–가리우스 마리우스는 조직력과 전술력을 겸비하여 장군으로서는 재능이 출중한 인물이었다. 거칠고 촌스럽기는 했지만 정직하고 소탈하며, 전리품들도 부하들에게 나누어주고 자기는 거의 아무것도 갖지 않았다. 외국 왕들의 매수에는 절대로 응하지 않았고, 군율을 엄정히 지키는 데에도 공정하기 이를 데 없었다. 병사들과의 교류에는 마음을 썼고, 적과 맞서서도 흔들리지 않는 용기를 가졌고 승기를 포착하는 재능도 뛰어났다. (《로마인 이야기》 3, p.119)

네번째 조건 – 솔선수범의 정신

–유피테르 신전 복구 공사는 황제의 귀국도 기다리지 않고 시작되었다. 귀국한 베스파시아누스 황제도 석재를 짊어지고 카피톨리노 언덕*을 오르는 인부들의 행렬에 가담했다.(《로마인 이야기》 8, p.249)

---

* 로마의 많은 신들 중에서 유피테르(그리이스어로는 제우스)는 최고신이고 이 신에게 바쳐진 신전은 로마 역사가 시작된 이래 개선장군들이 승전의 감사기도를 바치는 곳이었다. 화려한 개선식은 카피톨리노 언덕의 유피테르 신전에서 엄숙한 기도로 끝나는 것이 관례였다.

–황제는 되고 싶지 않아

브리타니아인들 사이를 싸돌아다니고

변경을 헤매고

스키티아의 혹한에 살을 찔리니

(군단기지를 순행하던 중 일행이었던 풍자시인 플로루스가 부른 노
래. 《로마인 이야기》 9, p.349)

–로마군은 모두 28개 군단으로 이루어져 있다. 군단기지만 해도
28곳, 거기에 보조부대 기지, 기병대 기지, 성채, 감시용 요새 등을
시찰하고, 방위체제의 한 고리를 이루고 있는 퇴역병들의 식민도
시, 원주민의 지방자치단체를 시찰하는 것도 빼놓을 수 없다. 하드
리아누스는 스스로 원해서 하는 일이긴 하지만 이것은 책무라기보
다는 고행이었다. —하드리아누스는 병사들의 행군을 시찰할 때,
말을 타기는커녕, 졸병들과 똑같은 군장을 갖추고 함께 행군했다
고 한다. 로마의 전사는 무엇보다도 먼저 고난을 견디는 법을 배울
필요가 있고 그것은 일개 졸병도 황제도 전혀 다를 게 없다는 점을
병사들에게 가르쳐주기 위해서였다. (《로마인 이야기》 9, p.282)

–황제란 공복 중의 공복이라고 믿은 안토니누스인 만큼 무엇을 하
느냐만이 아니라 어떻게 하느냐에서도 남의 모범이 되어야 한다고
생각했다. (《로마인 이야기》 9, p.439)

268

다섯번째 조건 - 기부의 정신

- 유력자가 공공건물을 자비로 건축하여 국가에 헌납하는 전통이 강한 로마에서는 강적을 물리치고 개선식을 거행할 정도의 인물이라면 공공건물을 한 개 정도는 세워서 국가에 기증하는 것이 보통이다. 포로 로마노 북서쪽에 있는 아이밀리우스 회당(바실리카 아이밀리아)은 기원전 179년에 마케도니아 왕 페르세우스를 물리친 아이밀리우스 파울루스가 기증한 것이다. 지중해 동부지역을 제패한 폼페이우스도 물론 선배들을 본받는 데 인색하지 않았다. 그는 기원전 55년에 성벽 밖에 로마 최초의 석조 극장과 대회랑을 지어 국가에 기증했다. 카이사르도 이들 선배들에게 질 마음은 없었다. 그는 갈리아 전쟁을 치르고 있을 당시부터 이미 포로 로마노 확장공사를 선도한 신전과 회랑 건설에 착수했다. 그리고 개선기념사업으로 셈프로니우스 회당을 개 축하겠다고 발표했다. ──공공건물의 건설과 기증은 개선 기념사업의 범위를 훨씬 넘어서게 되었다. (《로마인 이야기》 5, p.279)

- 아피아 가도와 플라미니아 가도는 아피우스와 플라미니우스가 사재를 털어서 건설한 것은 아니다. 하지만 아이밀리우스 공회당과 율리우스 공회당은 마케도니아 전쟁의 승리자인 아이밀리우스와 갈리아 전쟁의 승리자인 율리우스 카이사르가 사재를 털어서 건설한 뒤 국가에 기증한 공공재산이다. 이런 종류의 노블레스 오블리주가 없었다면 로마의 인프라는 이룩되지 않았을 것이다.(《로마인 이야기》 10, p.27)

-안토니누스는 공공을 위해 사유재산을 쓰는 것이야말로 부자로 태어난 사람의 책무라고 믿어 의심치 않았지만 거창한 것만이 아니라 아주 사소한 것에도 사유재산을 썼다. 안토니누스도 트라야누스나 하드리아누스와 마찬가지로 자주 공중목욕탕에 모습을 드러냈는데, 그의 경우에는 목욕탕에서 알몸으로 만나는 사람들한테 작은 선물을 했다. 황제가 가는 그 목욕탕을 이용한 사람들의 입장료는 무료였다.

여섯번째 조건 – 절제의 정신

-원로원 의원 여러분, 여러분만이 아니라 모든 인간에게 적용되는 말이지만, 의심스러운 일에 결정을 내려야 할 때는 증오나 우정, 분노, 자비 같은 감정은 일단 잊어버리는 것이 정당한 태도라고 생각합니다. 베일에 가려진 진실을 확인하는 것은 결코 쉬운 일이 아닙니다. 특히 그것이 한때나마 사람들에게 만족을 주고 공동체에 이롭다고 여겨지는 경우에는 더욱 어렵습니다. 이성에 무게를 두면 두뇌가 주인이 됩니다. 하지만 감성이 지배하게 되면 결정을 내리는 것은 감성이고, 이성이 끼어들 여지는 사라지고 맙니다. 여러분들은 역사를 상기해주시기 바랍니다. 많은 군주와 많은 민족이 분노나 자비에 사로잡힌 나머지 멸망했습니다. 내가 기쁨과 긍지를 가지고 생각하는 것은 우리 조상들이 한 일입니다. 우리 조상들은 감정에 치우치지 않고, 공정한가 아닌가에 따라 매사를 결정했습니다. 마케도니아 전쟁 당시의 페르세우스 왕에 대해서도, 번영하고 있던 로도스 섬의 반항에 대해서도 공정성을 기준으로 처리

했습니다. 우리 조상들은 전쟁이 끝난 뒤에도 그들을 벌하지 않았습니다. ──세 차례에 걸친 포에니 전쟁에서도 우리 조상들의 대처방식은 마찬가지였습니다. 카르타고인들은 조약을 자주 위반했지만 극형을 당한 경우는 없었습니다. ──의원 여러분, 모든 인간이 언행의 자유를 평등하게 누릴 수 있는 것은 아닙니다. 사회 밑바닥에 살고 있는 천민이라면 분노에 사로잡혀 행동하는 것도 용납될 것입니다. 하지만 사회 상층부에 살고 있는 사람이라면 자신의 행동을 변명하는 것은 용납되지 않습니다. 따라서 위로 올라갈수록 행동의 자유는 제한됩니다. 지나치게 친절해도 안되고 지나치게 미워해도 안되며, 무엇보다도 증오에 눈이 멀어서는 절대로 안됩니다. 걸핏하면 화를 내는 보통사람의 성질은 권력자의 경우에는 오만이 되고 잔혹함이 되는 법입니다.(카이사르의 반역자 처리를 둘러싼 연설,《로마인 이야기》4, p.133)

─티투스는 사랑을 성취하는 것은 체념했지만 그래도 베레니케**에게 사랑을 바치는 것은 그만두지 않았다. 베레니케와 헤어진 뒤에는 새로운 결혼 상대를 찾지 않았다. 애인조차 두지 않았다. 30대의 한창 나이에 독신을 고수했다. 율리우스 카이사르가 30대 시절에 남긴 말─"남들 위에 서는 사람은 밑에 있는 사람보다 자유가 제한된다"─을 티투스도 뼈저리게 느꼈을까. 아무리 황제법으로 보호를 받는다 해도 황제는 무슨 짓이든 마음대로 할 수 있다고

────────────

** 베스파시아누스 황제의 제위 계승자인 티투스가 사랑한 유대인 여자.

생각했을 때부터 스스로 무덤을 파게 되는 법이다.(《로마인 이야기》 8, p.277)

한 인간에 대한 온전한 기술법

　나는 주변의 많은 사람들에게 자신의 경험과 이야기를 꼭 글로 남기라고 권유하고 다닌다. 인간의 기억은 오뉴월 땡볕 아래 소나기한 줄기 같아서 흔적없이 사라지고 만다. 나도 조금은 나이가 들기 시작하면서 매번 잊어버려 '정말 나에게 그런 일이 있었나'를 되묻는 것이 일상사가 되어 버렸다. 사람들은 "나같이 하찮은 사람이 뭘남기나"라고들 말한다. 그러나 아주 평범한 사람들이 남긴 일기도 그 시대의 중요한 사회상들을 알아낼 수 있는 금맥이 되곤 한다는 것을 우리는 잘 모른다. 그래서 나는 어찌 보면 사소한 일들과 평범한 사람들이 남기는 책들이 늘 수없이 꽂혀 있는 일본 서점들을 둘러보며 부러움을 느낀다.

　그러나 때로는 너무 많은 글과 책이 나와 그 사람을 이해하는 데 혼란을 겪는 일도 있다. 바로 윈스턴 처칠이 그런 경우이다. 처칠에 관한 전기는 650여 종이나 나와 있고, 그중에는 총 8권 분량에 9,000 페이지에 이르는 전기도 있다고 한다. 이 많은 전기들은 서로 다른 시각과 결론을 드러내기도 해서 독자들로 하여금 한 인간에 대해 굉장히 다른 생각을 하게 만들기도 한다. 스스로 위인이고 영웅이라고 생각하고 행동했던 처칠로서는 자신의 전기가 이렇게 도서관에 쌓여 있는 것을 즐기고 있을 것이다. 그러나 그 전기의 내용을 보면서 '이건 아닌데' 하고 있을지도 모른다.

사실 인간의 시각은 천차만별이어서 때로는 하나의 사물이나 사건을 두고도 정반대의 의견을 펼치는 사례가 비일비재하다. 그러니 진실을 파악하려는 사람은 수많은 의견과 글의 행간을 잘 살펴 잘못된 것과 왜곡된 것들을 피하려는 노력이 절실하다. 그러나 650여 종의 전기와 다기한 평가들이 난마같이 얽혀 있는 기술 속에서 진리에 도달하려는 노력은 지난한 것이 아닐 수 없다.

《처칠을 읽는 40가지 방법》은 바로 그 수많은 처칠의 허상과 진상 속에 숨은 보물찾기의 노력을 보여주는 책이다. 저자인 그레첸 루빈이 이 책을 쓰기까지의 혼란을 솔직히 토로하고 있다.

본격적으로 그의 삶에 들어서자 하나의 진실과 대면하게 되었다. 처칠의 초상화는 수십 가지 방법으로 그려질 수 있고, 또 그것들 모두가 사실처럼 보일 수 있다는 것이었다. 나는 처칠의 전기를 쓴 작가들이 같은 사실을 놓고도 다른 결론에 도달했다는 것에 적잖이 놀랐다. 과연 처칠은 군사적 천재였을까? 아니면 참견하기 좋아

하는 아마추어였을까? 또 위대한 자유의 옹호자였을까? 반동적 제
국주의자였을까? 또 성공한 사람일까? 실패한 사람일까? 그와 관
련된 모든 자료를 개괄적으로 파악한 뒤에는, 각 보고서가 어떤 식
으로 특정 사실을 강조하고 다른 것을 생략하여 결론을 뒷받침했
는지 흥미롭게 살펴보게 되었다.

더구나 이 저자는 처칠과 같은 시대에 살았던 사람이 아니었다.
직접 처칠을 만나볼 수 없었다. 그러나 반드시 잘 아는 사람만이 가
장 객관적이고 솔직하게 그 사람을 그려낼 수 있는 것은 아니다. 때
로는 몇 발자국 정도 떨어져서 보아야 훨씬 더 진면목을 볼 수 있다.
처칠과 전혀 상관도 없고, 전혀 몰랐던 사람이 아무런 선입견 없이
그 실체적 진실에 다가설 수 있는 것이다. 그런 점에서 이 책은 처칠
에 관한 전기들의 숲을 따라 전기들을 상호 비교하고 비판하며 올바
른 기술들을 찾아내고자 하는 도정에서 이룩한 하나의 성취라고 할
수 있다.
  그러나 이 책이 반드시 다른 전기의 형태를 그대로 따라간 것은
아니다. 쟁점별로 40개 장을 설정하고 처칠에 관한 많은 논쟁과 쟁
점들을 하나씩 검토하면서 결론을 내리고 있다. 그런 측면에서 연대
기적으로 한 인물의 성장사와 활동사를 정리해 들어간 것이 아니라
처칠의 진면목을 이해할 수 있는 핵심적인 사항에 대해 답을 주려
하고 있다. 사실 따지고 보면 처칠은 이미 현대인들이 가장 잘 알고
있는 인물이다. 그의 생애의 모든 것을 다 기술하는 것은 진부한 일
일지도 모른다. 처칠의 전기 한두 권은 이미 읽었을 독자들에게 이

책은 도전을 부추기고 있다.

　우리나라 현대사에서 명멸해간 정치지도자들의 경우에도 적지 않은 논쟁이 있다. 박정희 대통령이 가장 논쟁의 핵심에 서 있다. 그 외에도 서재필, 이승만, 김대중 등 역대 대통령들이 모두 전기작가에게는 첨예한 견해와 논쟁을 유발하는 훌륭한 소재들이다. 그러나 이런 식의 분석이나 대비, 쟁점 제기와 대답의 형식으로 이루어진 전기들은 별로 나와 있지 않다. 언젠가는 우리나라의 전기작가들이 쓴 우리나라 현대사 정치지도자들에 대한 명쾌한 전기물들이 나오기를 바란다.

오늘 내가 서 있는 자리

멀쩡하게 두 눈을 뜨고도 꼼짝 못하고 내 물건을 빼앗기는 기분, 아마도 지금 독도 문제를 바라보는 모든 한국 사람들의 솔직한 심정일 것이다. 과거 나라를 빼앗긴 우리 조상들은 일본을 부를 때 흔히 '강도 일본'이라고 불렀다. '강도'가 따로 없는 것이다. 한 번도 실효적 지배를 한 바가 없는 일본이 독도를 내놓으라는 것은 어떤 역사적, 법률적 이론으로도 받아들이기 어렵다.

연일 서울 중학동 일본대사관 앞이 소란스럽다. 일장기를 불태우고 심지어 손목을 그어 자해를 하는 사람도 있다. 그들의 애국 충정이 이해가 가고도 남는다. 오죽 억울하면 그렇게 섬뜩한 행동까지 하고 나섰겠는가.

하지만 조금 이해되지 않는 부분도 있다. 정신대 할머니들이 어려운 생활로 고통당할 때, '정신대대책협의회'가 그 억울한 민족의 한을 영원히 기억하기 위해 기념관 건립 모금을 힘겹게 계속하고 있을 때, 눈이 오나 비가 오나 매주 수요일에 일본대사관 앞에서 시위를 계속할 때, 그때는 참여하는 사람들이 적었다. 언젠가 그 시위에 참여한 적이 있었는데, 참여 인원이 너무 적어 걱정한 적이 있었다. 이렇게 참여자 수가 적은 시위를 하면 오히려 일본 사람들이 우리 국민들의 무관심을 눈치 채지 않을까 해서다. 지금까지도 모금이 잘 안돼 기념관 건립은 지지부진한 상태다. 그때는 모두 어디에 있었는가.

그뿐인가. 어떤 이는 국제사법재판소로 가자고 주장했다. 그러자 며칠 후 일본 단체들이 "좋다. 국제사법재판소로 가자"고 맞받아쳤다. 독도는 멀쩡하게 우리 땅인데 왜 우리가 재판소로 간단 말인가. 더구나 국제사법재판소 판사 중에는 일본인 '히사시 오와다'라는 사람이 버티고 있다. 우리로서는 이겨봐야 본전이요, 지면 아주 큰일 나는 일이다. 국제법이라는 것이 여전히 강자의 힘에 지배되는 것이어서 우리가 방심할 수도 없는 노릇이다. 도대체 내용도 모르면서 그렇게 함부로 주장하고 나서면 그 뒤치다꺼리는 누가 할 것인가.

일본은 이번 발언과 전략으로 큰 성과를 얻었다. 독도를 분쟁지역으로 만드는 데 성공한 것이다. 한일 간은 물론이고 한국에서 너무 떠드니까 국제사회의 관심을 끌게 된 것이다. 독도는 우리가 사실상 지배를 하고 있으니, 경계를 강화하고 국방력을 드높이고, 우리 국민들의 독도 사랑이 깊으면 될 일이다. 오히려 독도 문제로 흥분하는 것은 일본 극우세력의 전략에 말려드는 것일 수 있다.

내가 아는 한 여성이 있다. 로스앤젤레스에 살고 있는 그녀는 '바

른 역사를 위한 정의연대'라는 단체를 꾸려가고 있다. 자신도 힘겹
게 살면서 정신대 문제라면 어디라도 달려간다. 그녀는 정신대 할머
니들과 강제징용자들의 소송을 미국 법정에서 제기하기 위해 동분
서주해 왔다. 그 비용을 만들기 위해 나를 잡고 통사정한 적이 한두
번이 아니다. 이번에 중국계 단체들과 연대해서 일본의 유엔 안보리
상임이사국 선임 반대 서명운동을 열심히 벌이고 있다. 한국 사람들
의 지독한 무관심 속에서도 그 일을 지속하는 힘이 어디에서 나오는
지 모를 일이다. 서울대까지 나온 그녀가 왜 돈도 안 생기는 이런 일
에 그토록 매달리는지 이해할 수 없다. 하지만 한눈팔지 않고 그 일
에 십여 년째 몰두하고 있는 그녀를 나는 존경한다.

진정한 애국은 멀리 있는 것이 아니다. 어느 날 갑자기 일장기 불
태우고 손가락 자른다고 해서 애국이 되는 것이 아니다. 자기 주변
에서 할 수 있는 작은 일들을 꾸준히 해나가는 것이 진정한 애국이
다. 민족단체들에 회비를 내도 좋고, 정신대 할머니들을 위해 기금
을 내거나 돈이 없으면 그분들에게 위로의 편지 한 장을 써보내도
좋다. 정연진 씨(바른 역사를 위한 정의연대 대표) 같은 사람이 만든 단
체의 회원이 되어준다면, 따뜻한 격려 한마디 보낸다면, 상임이사국
반대운동에 서명 한 번 해준다면 그것이 바로 애국이다. 그것이 모
여 산이 되고 바다가 되어 나라를 지키고 강하게 만들 것이다. 3·1
절이나 광복절은 일년 중의 하루가 아니라 365일이 다 그런 날이 되
도록 해야 한다.(2005)

심산상 수상 소감

　어떤 토론회에 나가서 발제를 하게 되면 저는 토론자가 늘 부러웠습니다. 부담이 적기 때문이지요. 그리고 토론자가 되면 사회자가 부러웠습니다. 사회자 역할도 중요하지만 그래도 전체 진행만 챙기면 되니까요. 사회자 노릇을 해보니까 앞에 앉아 있는 청중이 가장 부러웠습니다. 저는 오늘 내내 누군가 제가 잘 아는 분이 수상을 하고 그분을 축하하기 위해 온 축하객의 입장이라면 얼마나 마음 편할까 하는 생각뿐이었습니다. 제가 오늘 이 행사의 주인공이 된다니 그 생각만으로도 힘들고 불편하고 부끄럽기만 했습니다.

　이 자리에 서는 저는 정말 부끄럽기만 합니다. 제가 과연 심산(心山) 김창숙*(金昌叔,1879~1962) 선생의 정신을 얼마나 이어받고 실현하였는가를 생각하면 참으로 부끄럽기만 합니다. 심산의 애국애

280

족의 정신, 조국광복과 민주주의에 대한 불굴의 실천에 비하면 저는 그분의 발가락 때만큼도 되지 못합니다. 그런데 심산을 기념하고 그 정신을 기리는 상을 제가 받다니 오직 부끄러울 뿐입니다.

저는 원래 상복이 없습니다. 초등학교 시절에 식물채집, 곤충채집 잘했다고 상 받은 이후에 별로 상을 받아본 기억이 없습니다. 그러다보니 상이라는 건 저하고 인연이 없구나 하는 생각을 해왔습니다. 더구나 《이솝우화》의 〈여우와 신포도〉 이야기에 나오는 여우처럼 "상이란 원래 정말 받아야 할 사람은 못 받는 것이다. 정말 받아야 할 사람은 후세가, 역사가, 하느님이 주는 것이다." 이런 생각을 하게 되었습니다. '법의 날'에 군사독재정권 시절에 훌륭한 인권변론을 하셨던 변호사님들은 인권상을 못 받으시더군요. 심산 김창숙 선생은 풍찬노숙의 독립운동과 민주투쟁, 고난과 헌신에 대한 보상을 언제 받은 적이 있습니까? 저는 언젠가부터 좋은 일은 언제나 보상받지 않는다는 생각으로 일을 해야 한다는 신념을 가지게 되었습니다.

미국 여행 중에 제가 심산상 수상자가 되었다는 이야기를 전해 들었을 때만 해도 영문도 몰랐고 어떻게 해볼 도리가 없었습니다. 한국에 돌아와서 어떻게 하면 이 고역을 피할 수 있을까 생각해 보았습니다. 이미 다 결정되어 발표한 상을 거부할 수도 없고, 그렇다고 이 장소에 안 나올 수도 없었습니다. 특히 이 상을 결정하신 분들을 생각하면 더욱 그러했습니다. 저는 언제나 이렇게 나약하고 우유부단하게 살아왔습니다.

＊ 독립운동가, 유학자, 교육가, 정치가로 성균관대학교의 창립자이기도 하다.

사실 제가 심산상을 받아야 할 정도의 일을 하지 못했을 뿐만 아니라 무엇보다도 저는 아직 무슨 상을 받아야 할 인생의 단계에 있지 못합니다. 제가 나이 30대 후반에 주례를 한 적이 있었습니다. 돌아가신 황인철 변호사님과 제가 공동으로 변론한 어느 학생이 황변호사님께 주례를 부탁했던 적이 있었는데 황변호사님이 갑자기 병원에 입원하는 바람에 그 학생이 제게 와서 막무가내로 황변호사님 대신 그 역할을 해줄 것을 요구했습니다. 더구나 그게 실상 주례가 아니고 전통혼례식에 덕담 한마디 하면 된다는 것이었습니다.

그런데 막상 가보니 성혼선언문도 낭독하고 맞절도 시키고 영락없이 주례였습니다. 그 앞에 제가 잘 아는 어르신들이 많이 서 계셨습니다. 너무 창피했습니다. 나중에 집안 어른들에게 "젊은 사람이 주례 서는 게 아니다. 자기 인생의 검증이 된 사람이 하는 것"이라는 말을 듣고 더욱 어쩔 줄을 몰라했습니다. 많은 부탁이 있었지만 그 후로는 아직 주례를 선 적이 없습니다. 그렇습니다. 아직 제 인생은 현재진행형입니다. 아직 한참 일할 나이입니다. 검증이 안된 상태입니다. 그런데 이런 상을 받다니요!

언젠가 어느 월간지에서 우리 사회 명사들에게 '내 인생의 결단의 순간'이라는 제목의 글을 받는다고 했습니다. 저에게도 그런 글을 부탁해 왔습니다. 그 기자가 하도 집요하게 부탁하는 바람에 승낙을 할 수밖에 없었습니다. 제가 아까 제 성격이 우유부단하다고 말씀드렸는데 언제나 그랬습니다. 한두 번 거절하다가 상대방이 집요하게 부탁하면 어쩔 수 없이 넘어가고 말았습니다. 특히 원고나 강연 부탁이 그러했습니다. '저렇게 간절하게 원하는데 내가 좀 고생하고 말지.' 이런 생각이었습니다. 그런데 막상 그 원고를 쓸 때는 얼마나 후회하는지 모릅니다. '결단의 순간'이라는 제목의 원고도 마찬가지였습니다. 무엇보다도 제가 곰곰이 생각해보니 제 인생에서 '결단의 순간'이 없었던 것입니다. 그래서 저는 '결단 없는 결단'이라는 제목으로 다음과 같이 써 보냈습니다.

곰곰이 생각해보면 나에게는 그렇게 긴박한 결단의 순간이 없었다. 그렇게 큰 직책을 맡은 적이 없기도 하거니와 그것은 내 삶을 사는 태도와 연관되어 있는 것 같다. 내 인생에 큰 영향을 미친 사건과 활동들을 되돌아보면 1975년 교내시위로 인한 제적과 구속, 1982년 검사 임관과 그 이듬해의 사임, 1980년대의 인권변론들, 1986년 역사문제연구소 활동, 1991년의 영국과 미국 유학길, 1994년 참여연대 창립과 상근자로의 전환, 2000년 총선연대 활동, 2002년 참여연대 사무처장 사임과 아름다운재단 상근 등을 들 수 있을 것이다.

이러한 결정과 활동에 나름대로 마음의 고뇌와 결단이 없다고는 할 수 없지만 언제나 일정한 방향의 결정이 자연스럽게 나올 수밖에 없는 상황에 있었다. 내 자신의 의지보다는 이미 그런 방향으로 움직이지 않으면 안되는 주관적, 객관적 상황에 처해 있었던 것이다. 그래서 나는 언제나 인생에 줄을 잘 서야 한다고 믿고 있다.

좋은 사람들과 함께 좋은 일들을 하며 살겠다는 인생의 큰 목표와 원칙을 정해놓고 있으면 그 인생의 행로에는 저절로 좋은 결정과 좋은 일이 있게 마련이라고 하는 생각이다. 변호사 영업이 한창 잘 될 때 유학을 떠나거나, 아예 변호사직을 정리하고 시민단체 상근자가 되거나, 한창 활동하던 사무처장직을 버리는 것이 물론 큰 결단일 수 있다. 그러나 내가 가는 길이 분명하고 그 의지가 뚜렷한데 그런 결정은 사소한 것일 수밖에 없고 쉬울 수밖에 없다. 그래서 나는 언제나 인생이 즐겁고 행복하다.

사실 따지고 보면 제 삶에서 이렇게 좋은 분들과 함께 살아오다 보니 좋은 일들이 많았다고 생각합니다. 감옥에 가서 사귀게 된 좋은 선배들, 인권변론 하면서 알게 된 좋은 변호사님들, 역사문제연구소 하면서 뵙게 된 훌륭한 역사학자들, 시민운동 하면서 함께하게 된 수많은 지식인들과 뛰어난 활동가들 사이에서 저의 활동과 저의 삶도 그렇게 좋은 방향으로 변해 왔다고 생각합니다.

제가 만약 감옥에 가지 않고 그 선배들을 만나지 못했다면 공안검사가 되었을지도 모릅니다. 제가 만약 훌륭한 선배 인권변호사님들의 대열에 끼이지 못했다면 저는 돈 버는 재미에 인생 가는 줄 몰랐을 수도 있습니다. 제가 만약 역사문제연구소 설립에 참여하고 그 고매한 역사학자들과 사귀지 못했다면, 그래서 우리의 지난한 현대사의 고난을 보지 못했다면, 저는 우리시대의 고민을 할 수 없었을지 모릅니다. 제가 만약 여러 선배들로부터 외국유학을 권유받지 못했고, 그리고 변호사 사무실 문을 닫아걸고 서양으로 유학을 하지 못했더라면 우물 안 개구리에 그쳤을지 모릅니다. 제가 만약 자신을 헌신하면서 세상의 공익을 위해 나선 수많은 지식인들과 우리 젊은

활동가들을 만나지 못했다면 저의 삶은 소시민적이었을 것입니다.

저는 바로 이런 분들에 의해 끝없이 영향 받고 감동 받으며 배워 왔습니다. 감옥에 간 학생들과 지식인, 노동자, 인권운동가들을 변론하면서 실상 제가 그들에게 어떤 도움을 주었다기보다 오히려 그들로부터 용기와 지혜를 배웠습니다. 역사문제연구소에 제가 조그마한 물질적 도움을 주었지만 거기에 모여든 학자들의 연구와 저작, 삶에서 더 큰 배움을 얻을 수 있었습니다. 변호사 사무실을 접고 참여연대에 둥지를 틀면서 저는 금전적 손실을 입었지만 그보다 더 큰 보람과 돈으로 따질 수 없는 이익을 얻을 수 있었습니다. 저는 이렇게 언제나 큰 이윤이 남는 장사를 해왔습니다.

오늘 만약 이 심산상의 심사위원 선생님들이 치켜세우고자 했던 제 삶의 작은 한 부분이 있었다면 그것은 전적으로 이렇게 많은 제 주변의 사람들에게 돌려야 할 일들입니다. 저는 세상의 어느 것도 혼자서 되는 일은 없다고 생각해 왔습니다. 혼자서 할 일을 여러 사람이 함께하면 훨씬 쉽게 되게 마련입니다. 혼자서 하기 어려운 일을 여러 사람이 함께 하면 가능해집니다. 그런 의미에서 제 삶과 제 활동은 저만의 것이 아니라 많은 사람들의 합작품이라고 저는 언제나 생각해 왔습니다. 그러므로 이 상 역시 그분들과 함께 받는 상이라 하지 않을 수 없습니다.

심산의 생애는 사실 파란만장한 것이었습니다. 그에게도 왜 절망과 고뇌가 없었겠습니까? 머나먼 이국에서 풍찬노숙 하는 그의 삶에서 왜 따뜻한 밥과 저녁 연기 피어나는 고향마을이 그립지 않았겠습니까? 어머니의 임종을 지켜보지 못하고 그 대신 사랑하는 자식을 앞세워야 했던 그에게 왜 애틋한 가족의 정이 없었겠습니까? 《김창숙 文存》에 나오는 〈죽은 아내를 생각하며〉라든지 〈어머님 무덤 앞에 고하는 글〉, 그리고 〈누이동생 星山 李室 영전에〉 같은 글들을 보면 누구라도 그 끈끈한 정에 눈물을 흘리지 않을 수 없습니다.

이 모든 고난과 절망을 견디게 한 것은 바로 그의 건전한 상식 한 가닥이었습니다. 불의와 타협할 수 없다는 생각 하나였습니다. 이 단순명쾌한 상식, 생각이 바로 그 기나긴 세월 동안 독립투쟁과 반독재투쟁의 한길로 나아가는 굳건한 힘이었습니다. 그 모든 순간순간의 유혹과 좌절로부터 그를 지킨 원동력이었습니다. 일제로부터 해방 후 그의 행적, 그의 행동, 그의 결단 하나하나가 바로 이러한 근본 생각 하나에서 비롯하고 있다고 저는 생각합니다.

심산은 기본적으로 학자이기보다는 실천가이며 운동가라고 생각합니다. 심산의 생애는 오로지 민족적이며 민주적인 대의에 일관한 삶이었습니다. 나라가 남의 식민지로 떨어졌을 때 그는 모든 것을 걸고 독립투쟁에 바쳤고, 해방 후 나라가 독재치하로 변했을 때 그는 반독재 투쟁에 여생을 바쳤습니다. 그 길에 추호의 망설임도, 타협도 없었습니다. 식민통치와 독재는 결코 타협할 것이 없었기 때문이지요. 심산이 보여준 이런 철학은 바로 다음과 같은 장면에서 극명하게 나타나고 있습니다.

병든 이 몸은 구차히 살기를 구하지 않았는데
어찌 알았으리, 달성의 옥에 누워 신음하고 있을 줄.

풍진 세상 실컷 맛보아 이가 시린데
야단법석 떠는 인심이 뼛골까지 오싹하게 하네
포로 신세의 광태를 어찌 욕되다 이르리요
바른 도리를 얻어야 죽음도 영광인 줄 알리라
그대들의 구구한 변호를 사양하노니
병든 이 몸은 구차히 살기를 구하지 않노라.

심산은 무기징역의 구형을 받고 주위의 만류에도 변호사의 도움을 거절했습니다. 위 시는 바로 무료 변론을 자청한 조선인 변호사들의 지원을 거부하면서 그들에게 써준 것이었습니다. 거듭해서 변론을 하겠다는 변호사들에게 그는 좀 더 구체적으로 자신의 생각을 피력하고 있습니다.

내가 변호를 거절하는 것은 엄중한 대의이다. 나는 대한사람으로 일본 법률을 부인하는 사람이다. 일본 법률을 부인하면서 만약 일본 법률론자에게 변호를 위탁한다면 얼마나 대의에 모순되는 일인가? 군이나 손과 김은 마찬가지로 일본 법률론자이다. 일본 법률로 대한인 김창숙을 변론하려면 자격이 갖추어지지 않은 것이다. ―군은 무슨 말로 나를 변호하겠는가? 나는 포로다. 포로로서 구차하게 살려고 하는 것은 치욕이다. 정말 내 지조를 바꾸어 남에게 변호를 위탁하여 살기를 구하고 싶지 않다. 내 말을 다했으니 군은 돌아가라.

심산의 생각은 일본은 불법적으로 한국을 점령한 것에 불과하고 거기에 항거하는 대한인들은 일본과 전쟁 중인 바 전쟁 중에 잡혔으면 그것이 바로 포로라는 것이었습니다. 이러한 생각은 안중근 의사가 법정에서 토로한 것과 같습니다. 실제로 일본의 한국 합병은 강제된 조약에 의한 것으로서 무효라는 것이 대다수 국제법학자들의 결론입니다. 저도 심산이 도움 받기를 내친 변호사직에 종사하는 사람으로서 법률을 내걸어 이런 논리를 전개하는 것조차 심산이 여기 살아나오신다면 화를 벌컥 내실 일임에 틀림이 없습니다.

사실 일본이 조선을 강제침략, 강제점거하고 있는 상황에서 어떤 타협도 있을 수 없다는 것은 자명한 일이었습니다. 그것은 법률적 이론이나 깊은 사색의 도움도 없이 당연한 상식이고 논리의 귀결입니다. 그럼에도 사람들은 식민통치의 기간이 길어질수록, 일본식민정책이 교묘해질수록 혼란에 빠졌습니다. 적지 않은 독립운동가들과 지식인들이 일제와 타협하고 심지어 민족동화정책에 협력하기 시작했습니다. 그것은 민족에게는 말할 것도 없고 자신을 타락시키고 멸망시키는 것이었습니다.

이 대목에서 저는 소크라테스의 죽음을 생각하게 됩니다. 사형판결이 내려진 뒤 간수를 매수하여 도망치라고 권유하는 친구 크리톤에게 그는 이렇게 말합니다.

우리는 단순히 사는 것을 소중히 여길 게 아니라 잘 사는 것을 가장 가치있는 것으로 여겨야 하네. 우리가 평생토록 진지한 논의를 통해 동의했던 그 모든 것들을, 이 나이의 우리가 마치 어린아이들처럼, 며칠 동안에 내동댕이쳐야 하겠는가?

우리는 도망자 소크라테스를 상상할 수 없듯이 일제하의 변호사의 도움을 얻어 감형을 요청하는 심산 김창숙을 상상할 수 없습니다. 죽음으로 아테네의 악법에 저항한 소크라테스의 위대성은 바로 변호사들의 도움을 거부함으로써 일제의 불법성과 부도덕을 전면적으로 드러내고자 한 김창숙에게 그대로 옮겨와 있음을 우리는 깨닫게 됩니다. 실상 소크라테스조차 이 긴 수난의 삶을 스스로 선택해 살지는 않았습니다. 일제가 패망한 뒤 독립된 조국에서 조금 쉬려는 생각도 있었으련만 그의 줄기찬 투쟁은 끝이 없었습니다. 이승만 독재정권 하에서 투쟁하면서 그는 1951년과 1952년 다시 두 차례나 투옥되고 심지어 권력의 사주를 받은 반대파에 의해 성균관대학 총장 자리에서 쫓겨나는 신세가 됩니다. 징그러울 정도로 끈질긴 투쟁의 삶이었습니다.

심산 김창숙 선생으로부터 후세의 우리들이 배울 수 있고 또한 배워야 하는 것은 바로 이러한 원칙주의, 상식주의라고 생각합니다. 과거 군사독재 시절에 자신의 이름을 팔고 지식을 팔아 명망을 얻었던 지식인들이 많았습니다. 그러나 결국 세상은 바뀌고 이름마저 더럽힌 그들은 아무도 기억하고 있지 않습니다. 오늘날에도 여전히 우리의 주변에서 똑같은 우를 범하고 있는 사람들을 수없이 볼 수 있습니다. 처음부터 권력에 아부하고 양심을 저버리는 지식인들을 보기가 어렵지 않습니다.

심지어 한때 민주주의를 위해 활동했거나 명성을 쌓았던 사람들이 어느 날 그 절개를 꺾는 경우도 심심치 않게 볼 수 있습니다. 오늘날 공공의 이익과 이웃을 위해 몸을 던지는 사람은 보기 어렵고 눈앞의 이익과 명리를 쫓는 사람들이 지배하는 세상이 되고 말았습니다. 이런 세태에 심산의 이름은 더욱 빛이 나고 심산의 행동은 더욱 아쉽기만 합니다. 그의 지조 있는 삶을 우리는 보고 싶습니다. 그의 투철한 실천을 우리는 닮고 싶습니다. 그의 거침없는 논조를 우리는 듣고 싶습니다. 오늘 이 변절의 시대, 우리가 가장 만나고 싶은 사람, 바로 심산 김창숙 선생입니다.

그러나 진정한 민족주의와 민주주의를 위한 심산의 투쟁은 시대마다 새롭게 씌어져야 합니다. 아직 통일되지 못한 조국의 민족주의는 냉전의 종식, 남북관계의 변화에 따라 각별한 의미를 가질 수밖에 없습니다. 군사독재라는 긴 터널을 지나 좀 더 성숙된 민주주의를 향해 우리는 진군하고 있습니다. 이러한 시대에는 심산의 애국애족 사상과 반독재민주투쟁의 실천은 새로운 모습으로 나타나야 합니다. 우리는 심산의 사상을 지금 이 시대에 맞게 변용하고 계승해 내지 않으면 안되는 것입니다.

심산 역시 자신이 배우고 자라난 그 토양을 스스로 바꾸어 내고자 시도한 위대한 개혁자의 모습을 보여주었습니다. 전통적 유학을 그대로 답습하기보다는 세상의 변화를 담아낸 새로운 모습의 유학을 꿈꾸고 실천했습니다. 그 때문에 그는 자신의 고향 청천(晴川)에서 박해 받고 고초를 겪기도 했습니다. 그에게서 볼 수 있는 것은 완고한 유학자가 아니라 세상의 변화에 적극 부응하고 시대의 과제를 해

결하고자 한 개혁자입니다. 심산이 만약 살아 오늘 이 사회에 돌아
온다면 그는 분명 자신을 극복하는 또 다른 노력을 시작할 것임이
분명합니다.

군사독재 하의 민주화투쟁은 불의한 권력을 교체하기 위한 온 국
민의 염원과 노력이었습니다. 군사독재권력의 붕괴와 국민의 직접
선거에 의한 권력의 선출은 새로운 민주주의의 과제를 부여하게 되
었습니다. 우리사회의 투명성(transparency)과 책임성(accountability)
이라는 과제입니다.

오늘날 언론에 매일같이 나타나 우리 국민의 이맛살을 찌푸리게
하는 것은 바로 정치권력의 부패입니다. 부패공화국이라는 말이 실
감날 정도입니다. 정치인은 바로 교도소 담벼락 옆에 살고 있다는
말이 있을 정도로 정치와 부패는 마치 동의어처럼 사용될 정도입니
다. 그러나 정치만 부패한 것은 아닙니다. 관료, 기업인은 말할 것도
없고 심지어 문화·예술·교육 현장에서마저 부패를 보게 되었습니
다. 한국인은 요람에서 무덤까지 부패 속에서 호흡하고 살아가는 것
입니다. 이 음습한 곳에서 자라는 독버섯을 송두리째 없애기 위해서
는 이곳에 밝은 햇빛을 쪼여야 합니다. 투명성이라는 묘약이야말로
부패를 척결할 수 있는 특효약입니다. 그동안 참여연대를 중심으로
한 부패방지법 제정, 내부고발자 보호, 판공비 공개, 정보공개법 강
화 등이 바로 투명성을 강화하고 확대하고자 하는 운동이었습니다.
아직도 부패 추방의 길은 먼 여정을 남기고 있습니다.

공정하고 민주적인 정부는 책임지는 정부입니다. 160조원이 넘는

공적자금을 투입하고도 책임지는 사람이 별로 없습니다. 수조원의 부채를 남긴 회사 경영자가 여전히 오너라는 이름으로 버티고 있습니다. 책임의식이 사라지고 책임지는 체계가 사라진 사회는 혼란과 불신밖에 남는 것이 없습니다. 검찰과 사법의 휘어진 잣대가 바로 서고, 잘못한 사람의 행동에 대해서는 엄중한 응징이 가해지며, 다시는 그런 일이 재발되지 않을 수 있는 제도가 수립될 때 우리는 책임 있는 정부, 책임 있는 기업, 그리고 책임 있는 사회를 가질 수 있게 될 것입니다.

군사독재정권은 물러갔지만 우리에게 기본적 인권과 삶의 질이 보장되게 되었다고 우리는 자신할 수 없습니다. 정치적 인권의 발전은 크게 이루어졌지만 여전히 표현의 자유와 소수자의 인권을 비롯해 도처에 독재의 잔재가 남아 있습니다. 국가보안법은 그 상징적인 존재입니다. 인권유린과 표현의 자유를 압살해 왔던 독재의 무기가 아직도 우리 옆에 건재하다는 것은 우리 민주주의의 현주소를 증명하고도 남습니다.

심산이 1959년 국가보안법개악반대전국국민대회 지도위원으로서 이른바 2·4파동 당시 신국가보안법 발효에 즈음하여 비난 담화문을 발표하는 등 반대에 앞장섰던 바로 그 법입니다. 일제시대 우리 독립운동가를 괴롭혔던 일제의 전가의 보도, 치안유지법이 국가보안법이라는 형태로 복원되고 그것이 여러 정권을 거치면서 더욱 개악된 것이 바로 오늘날의 국가보안법입니다. 국가보안법을 그대로 두고 우리가 민주주의를 향유하고 있다고는 결단코 말하기 어렵습니다. 뿐만 아니라 장애인, 외국인노동자 등 소수자의 권리는 질식당하고 있고 가난한 사람들의 주거권, 생존권 등 사회복지 수준은 여전히 힘겹기만 합니다. 높은 수준의 민주화와 인간화의 길은 멀기만 합니다. 아직은 도처에서 우리의 도전과 투쟁을 기다리고 있습니다.

그러나 이 모든 과제들은 결코 권력자에 의해서는 성취될 수 없습니다. 오히려 평범한 시민들의 참여에 의해서만 이 과제들은 성취될 수 있습니다. 이 지구상의 민주주의는 결국 국민 자신의 투쟁과 노력에 의해서만 이루어져 왔습니다. 해방 이후 심산이 주도한 민주투쟁이 질풍노도의 80년대를 거쳐 민주적 정권의 쟁취로 이어지는 과정에서 우리 국민들은 민주주의는 바로 국민적 투쟁과 노력의 산물이라는 것을 깨달을 수 있었습니다. 우리가 누리고 있는 이만큼의 민주주의도 수많은 국민들의 피와 땀이 서려 있는 전취물에 다름 아니었습니다. 미완의 혁명이 되고 말았지만 지난 2000년 낙선운동 역시 그런 도정에 있는 한 작은 사건이었습니다. 돌멩이 하나 저절로 움직이지 않는 법입니다. 세상에 공짜가 어디 있습니까? 아직도 남은 이 먼 여정에서 심산 김창숙 선생의 애국애족, 민주화투쟁의 정신은 우리의 정신적 지주이며 등불입니다.

오늘 이 상은 결코 저 혼자에게 주는 상이 아닙니다. 제가 걸어온 많은 길을 함께 걸어온 많은 사람들 모두에게 주는 상입니다. 우리 사회의 정의와 올바른 민족의 미래를 꿈꾸며 실천하는 시민·사회운동가들에게 주시는 격려이며 채찍인 것을 압니다. 특히 참을 수 없을 정도의 가벼움이 지배하는 이 시대에, 높은 월급과 세속적 출세에 눈이 먼 이 나라에, 적지 않은 우리의 젊은이들이 그래도 최저생계비 이하의 월급 아닌 월급을 받으며 정의를 지켜내며 국민의 삶의 질을 향상시키려고 계속 분투하고 있습니다. 이들의 정신이야말로 심산사상과 맞닿아 있습니다. 오늘 저에게 주는 이 상은 바로 저와 함께했던 참여연대를 비롯한 시민단체 활동가들에게 주는 것이라고 저는 생각합니다. 그런 의미에서 저는 아름다운재단에 기부하고 그것을 기금으로 뜻 있는 분들로부터 모금하여 '올해의 시민운동가상'(심산 시민운동가상)을 만들도록 하겠습니다. 그리고 심산상의 수여에 맞추어 이 상도 함께 시상하도록 하겠습니다.

서두에서 말씀드린 것처럼 심산상 수상은 저에게 기쁨보다는 훨씬 더 큰 부담감을 주는 일입니다. 심산상 수상은 마땅히 그 상의 취지와 심산 김창숙 선생의 삶을 본받아 살라는 요구이기 때문입니다. 아직 그런 삶을 살지 못했다고 생각하는 제가 앞으로라도 그렇게 살려고 노력하지 않으면 안 되기 때문입니다.

저는 결코 심산 선생만큼의 장대한 기상, 웅혼한 용기를 갖지 못했습니다. 저는 심산처럼 고문으로 앉은뱅이가 될 만큼의 희생을 한 적이 없습니다. 자신의 희생으로도 모자라 저는 자식을, 그것도 둘이나 독립운동 전선에 바칠 정도로 헌신한 적이 없습니다. 그렇게 일생을 통해 어떤 유혹과 안일에도 넘어가지 않고 오로지 한길을 갈 자신이 저에게는 없습니다.

제가 처음 참여연대 사무처장이 되었을 때 저는 그 직책이 주는 의미를 잘 몰랐습니다. 그러나 세월이 갈수록, 참여연대의 업무가 확장될수록 그것이 주는 엄중함을 깨닫게 되었습니다. 벼슬 아닌 벼슬이고 공직 아닌 공직이었습니다. 살얼음을 밟고 가는 심정으로 살지 않으면 안 되었습니다.

그런 의미에서 오늘 이 상을 받음으로써 저는 의롭고 훌륭한 삶을 살 수 있는 무언의 압력을 항시 받지 않을 수 없게 되었습니다. 이 상에 누가 되지 않는 삶을 살기 위해 노력하겠습니다. 심사하신 선생님들, 감사합니다. 오늘 제가 서 있는 이 자리에 올 때까지 도와주신 분들, 그리고 지금도 제가 가고 있는 길을 함께하고 계신 여러분들 모두 모두 감사합니다.(2002)

만해상 수상의 변

저는 알지 못합니다. 만해가 어떤 상을 받은 적이 있는지를 알지 못합니다. 그 참혹하고 어두운 시대에, 총독부를 보지 않기 위해 북향을 고집하던 그 차가운 시절에, 그가 누구로부터 상을 받았을 성싶지는 않습니다. 뭔가 제대로 일을 한 사람이 그 당대에 상을 받았다는 것이 잘 이해가 되지 않습니다. 아주 시대를 앞서가는 사람은 동시대인으로부터 평가를 받기가 쉽지 않은 법입니다. 상을 받는다는 것이 기쁜 소식일 수 없는 까닭입니다.

무엇보다도 이것은 과분한 일입니다. 염치와 자격이 없는 일입니다. 과거 이 상을 받았던 사람들과 비교하면 더욱 그렇습니다. 그 분들의 명단을 보는 순간 제가 설 자리가 아니라는 생각이 들었습니다. 게다가 상을 받고 여기저기 언론에서 오르락내리락 하는 사람들이 저는 늘 못마땅했습니다. 사실 저 자신이 바로 그런 사람이기도 했습니다. 심약해 어쩔 수 없는 일이기는 했지만 그래도 그 일은 피하고 싶었습니다. 그런데 또 한번 이런 일을 당해야 하니 참 곤욕입니다.

고역입니다. 이런 상을 주신다는 것은. 이런 상을 받는다는 것은. 아직은 많이 뛰고 싶습니다. 현장에서 마음껏 일하고 싶습니다. 해야 할 일들이 너무나 많은 세상입니다. 바꾸어야 할 일들이, 바꾸고 싶은 일들이 너무도 많아 그 현장을 떠나고 싶지 않습니다. 무엇보다도 상을 받는다는 것은 지나온 과거에 대한 평가입니다. 그러나 아직 저는 과거에 대한 평가를 받을 입장이 못됩니다. 왜냐하면 지나온 과거보다는 앞으로 달려가야 할 미래가 더 많이 남아 있기 때문입니다. 해야 할 일이 너무나 많고 엄중하기 때문입니다.

사실 만해를 사모해 온 것은 사실입니다. 그가 보여준 단호한 실천, 꺾이지 않은 의지, 깊은 사색과 고뇌, 끝없는 개혁의 행진, 사람들과의 포용과 협동, 그 부드러운 시심, 자신의 조국과 종교에 대한 사랑과 헌신-그 모두가 닮고 싶은 것뿐이니까요. 그의 이름을 단 상을 받는다는 것은 그를 너무 사모하는 입장에서 참 가당하지 않은 일입니다. 그의 위대함을 잘 아는 사람에게 참으로 부끄럽기만 한 일입니다.

그러나 참 의지가 약한 저는 또 어찌할 수 없습니다. 이 상을 추천하고 준비해주신 분들을 거부할 만한 강한 의지가 없습니다. 미리 알려주셨다면 사전에 간곡히 말씀드렸을 것을. 그래도 지금은 좋습니다. 상금을 조금 주신다니까요. 언제나 돈독이 올라 있었습니다.

그 돈으로 제가 언제나 저임금과 장시간 노동으로 착취해온 우리 간사들과 연구원들을 위해 거나하게 한잔을 사려 합니다. 그리고 이상의 무게와 압박에도 여전히 앞을 향해 달음질쳐 가겠습니다. 아직은 앞이 잘 보이지 않지만 그래도 저만치 있을 산마루를 향해서 말입니다.(2006)

아름다운 세상의 조건

초판 1쇄 인쇄   2010년 6월 28일
초판 1쇄 발행   2010년 6월 30일

지은이   박원순
펴낸이   이기섭
편집주간   김수영
기획편집   박상준, 김윤정, 임윤희, 정회엽, 이길호
마케팅   조재성, 성기준, 한성진
관리   김미란, 장혜정
디자인   민진기디자인

펴낸곳   한겨레출판(주)
등록   2006년 1월 4일 제313-2006-00003호
주소   서울시 마포구 공덕동 116-25 한겨레신문사 4층
전화   영업관리 (02)6383-1602~3, 기획편집 (02)6383-1608, 1619
팩스   (02)6383-1610
홈페이지   www.hanibook.co.kr
이메일   book@hanibook.co.kr

ISBN 978-89-8431-406-1 (03330)